中国经济史学研究报告

REPORT ON CHINA'S ECONOMIC
HISTORY STUDIES' PROGRESS (2022)

（2022）

魏明孔◎主编

隋福民　熊昌锟◎副主编

社会科学文献出版社

SOCIAL SCIENCES ACADEMIC PRESS (CHINA)

序言 踏着改革开放步伐前行的中国经济史研究

魏明孔

众所周知，马克思主义唯物史观将生产力的发展视为社会发展的根本动力，正因为如此，经济学在中国改革开放以来得到了突飞猛进的发展，成为似乎没有异议之显学，而作为理论经济学基础学科和历史学科专门史重要方向之一的经济史研究，同样得到了学术界的高度重视。据笔者粗略统计，"十三五"期间国内学术界发表的经济史论文有 14000 篇左右，出版的学术著作约 400 部，资料集逾百部，[①] 数量之多是历史上少有的。从整体上看，"十三五"期间经济史学界能够坚持运用历史唯物主义的理论和方法进行研究，厚积薄发，成果丰富，发表、出版研究成果的数量还是质量均值得肯定。同时，经济史研究也存在一些不得不引起学术界注意和有待改进的薄弱地方。笔者不揣谫陋，试图对中国经济史在"十三五"期间研究情况略做梳理与总结，以期得到方家批评指正。

一 中国经济史研究的主要成绩

改革开放以来，随着思想大解放，百花齐放、百家争鸣的方

---

① 这里所说的经济史研究成果，包括经济思想史、社会经济史在内。实际上经济史与经济思想史系孪生兄弟，你中有我，我中有你，很难断然分清。关于此，笔者将另有专文论述。另外需要说明的是，本文这里粗略统计的经济史文章数量，包括学术集刊、已经出版的学术会议论文集及书评、综述和一些科普文章。

针真正得到了贯彻执行，无疑使中国经济史研究平稳步入黄金期，这为近年来尤其是"十三五"期间中国经济史研究的进一步繁荣奠定了坚实的基础。其间，中国经济史研究主要在以下几个方面取得了令国内外学术界称誉的成绩。

（一）大量史料的发掘、整理与出版，为经济史研究提供了更加坚实的资料基础

史料是经济史研究的基础，离开史料经济史研究就如同无米之炊，史料的数量与质量决定着经济史研究成果的广度和深度。"十三五"期间，新史料的发现和整理蓬勃发展，甚至表述为"井喷"也不为过。经济史研究利用考古材料得到了进一步拓展，包括出土实物和文字材料，如史前文物发掘，秦汉三国魏晋简牍，敦煌吐鲁番文书，黑水城出土文书、墓志等，另外诸如石刻、地方志、民间文献、档案、族谱、家书、日记、账簿等文献资料，被广泛运用于经济史研究，其与传统文献记载相印证，不断补充、完善、深化乃至在一定程度上修正某些经济史学界已有的认识，为经济史研究增添了活力。特别值得一提的是，利用考古发掘成果开展经济史研究对传取得了重要成果，已经成为一个不可忽略的方向。如海昏侯墓考古发现对于汉代手工业史乃至经济史的研究，"南海一号"沉船遗址考古发现对宋代贸易、手工业史的研究，辽上京、金上京的发掘对辽金经济史的研究，对明抄本北宋《天圣令》的整理与研究对唐宋社会经济史的研究，均有积极的推动作用。在对传统经济史资料的整理中，清史纂修工程组织编辑出版的数量可观的清代史料，对于推动清代经济史研究功不可没，得到学术界的高度评价。① 国务院批准的重大文化出版工程——大型类书《中华大典》系搜集、整理、编纂自有文字记载起至 1912 年的有关汉文字资料，其中《经济典》《农业典》《工业典》中就有古代及近代 1.3 亿字左右的经济史研究资料，已于 2016 年后陆续出版。河北大学宋史研究中心与民间文书收藏家合作，共同完成包括数万件晋商文书契约的《晋商史料集成》，对于推动明清商业史、区域经济史研究意义重大。② 另外，诸如徽州文书、清水江文书、太行山文书等史料的整理出版，促进了区域经济史的研究。除此之外，学界普遍认为通过田野调查获得的各种民间文献是认识和研究社会经济史的重要资料，而且在这个领域已经取得了一系列成果。此类经济史史料的出版整理成果，已经比较丰富了。

毋庸置疑，大量史料的发掘、整理与出版，得益于改革开放以来我国综合国力的增强；得益于学界多年来的不断积累；得益于出版技术水平的逐渐提高；得益于社会各方面对经济史史料的重视与协同作战。经济史资料的发掘、整理与出版迎来了千载难逢之良机，经济史研究得到了更强的史料支撑。

（二）认真总结历史上经济发展的经验教训

"十三五"期间，我们经历了改革开放 40 周年和新中国成立 70 周年的时间节点，这为学术界对中国经济史研究进行学理方面的认真梳理与总结提供了机遇。《历史研究》《文史哲》《中国经济史研究》《中国史研究动态》《光明日报》《人民日报》等报刊

---

① 戴逸：《新中国 70 年来的中国古代史研究》，《历史研究》2019 年第 4 期。截至 2019 年上半年，清史工程已对数十万件档案进行了数字化整理，出版档案丛刊 20 种 889 册、文献丛刊 75 种 2454 册，超过 20 亿字的规模。

② 参见魏明孔：《明清商帮史资料的搜集、甄别与整理——〈晋商史料集成〉评介及其他》，《中国社会经济史研究》2020 年第 4 期。

对改革开放 40 年和新中国成立 70 年经济史研究进行了全面系统
的总结，涉及的内容非常广泛，举凡先秦经济史、魏晋南北朝经
济史、隋唐五代经济史、辽宋夏金元经济史、明清经济史、近代
经济史、现代经济史、经济史理论和专门经济史，都有所体现①。
这种总结首先在于对中国不同时期经济发展过程中的经验及其教
训做学理方面的梳理与总结，以供当下镜鉴。这里既有对中国经
济史研究的理论、方法、研究范式和特点的总结，尤其是对中国
经济史的国际化、研究方法的多样化给予充分肯定；同时也有对
经济史研究中存在的一些问题进行的深入分析，如对研究的碎片
化倾向、对国外的研究成果消化不良乃至有囫囵吞枣、以论代史
等现象给予严肃批评。重要报刊所开辟的专栏对中华人民共和国
70 年经济史研究的总结，是长时段、多视角、大背景的，同样具
有不可或缺的镜鉴意义。同时，学术界也有对断代经济史的总
结，有对不同专题的学理总结，有宏观整体的总结，也有微观局
部的剖析。② 学者特别强调努力构建包括经济史、经济思想史在
内的中国特色学术理论体系，这在改革开放背景下正逢其时。这
些梳理与总结，无疑对今后经济史的研究多有裨益。

---

① 参见《中国史研究动态》编辑部编《与时同辉：改革开放 40 年来的中国古代史
研究》，凤凰出版社，2018；刘志伟：《改革开放四十年明清社会经济史研究的路
径与方向》，收于沈长云等《近四十年中国古史断代研究的回顾与反思》，《文史
哲》2019 年第 5 期；朱浒：《百年清史研究史·经济史卷》，中国人民大学出版
社，2020；程利英：《改革开放四十年来国内明代西北经济史研究综述》，载魏明
孔、戴建兵主编《中国经济史评论》2018 年第 1 期，社会科学文献出版社，
2018；孙圣民：《对国内经济史研究中经济学范式应用的思考》，《历史研究》
2016 年第 1 期；孙圣民：《国内经济史研究中经济学范式应用的现状——基于
〈中国社会科学〉等四种期刊的统计分析》，《中国社会科学评价》2016 年第 1
期；林盼：《社会史视野下的经济史研究》，载魏明孔、戴建兵主编《中国经济史
评论》2021 年第 1 辑，社会科学文献出版社，2021；陈锋：《与时代同行：中国
经济史研究 70 年》，《光明日报》2019 年 11 月 18 日，第 14 版。
② 汪海波：《中国发展经济的基本经验——纪念新中国成立 70 周年》，《首都经济贸
易大学学报》（双月刊）2019 年第 1 期。

与此同时，"十三五"期间经济史学界还对西部大开发实施20周年、中国提出"一带一路"倡议5周年等重要时间节点，从经济史的视角进行学理方面的总结。前者强调新一轮的西部大开发要与"一带一路"倡议相配合，以新发展理念为指导，以高质量发展为目标，在加强对外开放、与外商深入合作的同时，实现西部地区以创新为核心的经济发展转型；后者则重申"一带一路"建设要重视陆海交汇与统筹，① 从而向更深更广度发展。这样接地气的学术研究与总结，对于决策部门来说具有不可或缺的借鉴价值。

（三）专题性研究有所进展

"十三五"期间经济史专题研究取得了令世人瞩目的成绩。传统课题研究方兴未艾，新的研究课题不断出现，如城镇化及城市空间管理、工业化、近代化、唐宋变革、富民社会、农商社会、帝制－封建社会等研究有所突破，晚清财政税收与近代转型、中国传统经济的现代转型、民族地区经济发展演变、传统社会的工匠精神等方面，成果卓著。新中国经济史特别是改革开放史成为经济史研究的一个亮点；② 区域经济史研究方兴未艾，有成果对青藏高原社会经济史的特点进行了系统研究，③ 有利于对区域经济史研究的不断完善与推进；自然灾害、公共卫生、社会赈灾救灾史研究备受关注；货币制度的变迁对我国社会经济的影响，引起了学界的高度关注；城乡史特别是对历史上城乡接合部

---

① 白永秀、何昊、宁启：《五年来"一带一路"研究的进展、问题与展望》，《西北大学学报》（哲学社会科学版）2019年第1期；刘婷玉、林鸿宇：《"陆海交汇：全球史视野下的中国社会经济变迁"——第七届全国经济史学博士后论坛综述》，《中国经济史研究》2021年第1期。

② 这一方面的成果包括对中国共产党根据地经济建设的研究。

③ 杜常顺、魏明孔：《青藏高原社会经济史特点刍议》，载魏明孔、戴建兵主编《中国经济史评论》2019年第1期，社会科学文献出版社，2019。

的研究，成果引人注目；以晋商、徽商、京商为代表的商帮史研究成就突出，呈现方兴未艾之势头；环境史研究异军突起，正越来越受到学界青睐。"一带一路"建设背景下，经济史学界立足全球史视野，对相关议题展开持续深入的研究，重点围绕以下方面进行讨论：首先，对"丝绸之路"的概念传播与功能特征进行深入剖析与全面呈现，特别是揭示中外贸易与文化交流绝非单向地从东到西或从西到东，而是具有"双向"的功能特征；其次，通过个案研究，如澳门与巴西、丝路叶尔羌－拉达克段、丝路与西南历史交通地理等，探讨不同区域间的中外经贸、交通、文化往来，呈现中外关系的多元化形成与发展；再次，海上丝绸之路研究持续深入，如对古代海上丝绸之路的起点进行考辨，利用中外古地图来呈现海上丝绸之路的发展演变及贸易往来，研究丝绸之路上的丝绸等商品等，进一步拓展了研究的深度和广度。[①] 数千年丝绸之路的关键词一是丝绸这样的商品，二是交通这样的流通途径或网络。因此我们认为丝绸之路的本质属于经济往来，越是前期越是如此，而文化的、政治的、外交的、宗教的交往，是由前者衍生出来的。这就是我们今天讨论丝绸之路时首先立足经济视野的原因所在。传统社会基层社会治理、"三农"问题研究、中外经济史比较研究、革命根据地经济发展等，均有诸多研究成果。特别是三代学者通力合作，将中国市场通史的研究推向了一个新的高度。[②]

（四）经济史研究的社会认可度进一步提高

由于经济史研究成果斐然，社会对其认可度在近年来尤其是

---

① 武斌：《丝绸之路全史》，辽宁教育出版社，2018；张国刚：《文明的边疆：从远古到近世》，中信出版集团，2020。

② 吴承明、陈争平主编：《中国市场通史》（3 卷本），东方出版中心，2021。该书第 1 卷《先秦至宋元》，由李埏、龙登高主编；第 2 卷《明至清中叶》，由李伯重、邓亦兵主编；第 3 卷《晚清至民国》，由陈争平主编。

"十三五"期间进一步提高。国家社科基金对经济史、经济思想史研究课题的资助力度不断加大，不论是重大招标课题、重点课题、一般课题、青年课题还是后期资助项目，包括国家哲学社会科学成果文库，经济史均有丰硕收获。国家人事部博士后基金、博士后文库，教育部社科基金中国经济史、经济思想史研究内容入选的项目也比较多。教育部哲学社会科学奖、中国社科院优秀成果奖以及其他省、部级奖项中，经济史、经济思想史成果同样占有一定的比例。社会资助经济史研究有了长足的发展。例如，用友基金会从2017 年开始，每年资助"商的长城"（商业史）项目20 项，其中一般项目（每项资助15 万元）和重点项目（每项资助30 万元）各10项，有力地支持了商业史的研究，受到学术界尤其是中青年学者的欢迎；再如山西省晋商文化研究会每年也资助商业史研究课题若干项。

在 2018～2021 年的年度教育部长江学者的遴选中，经济史、经济思想史学者收获显著，理论经济学的长江学者特聘教授、青年长江学者均有经济史、经济思想史学者，历史学的长江学者特聘教授、青年长江学者中，经济史、经济思想史学者占比较高，颇受学术界关注。

（五）中青年学者成为经济史研究的中坚力量

学术界经济史研究人才辈出，中青年学者茁壮成长，已经成为"十三五"期间经济史研究的中坚力量。经济史学界共同努力，为青年学者提供专门学术平台，收到了良好效果。中国经济史学会等单位在"十三五"期间每年举办一届全国经济史博士后论坛，北京大学、清华大学等单位每年举办量化历史国际年会及青年讲习班，中国人民大学每年举行加强经济史教学与科研的学术研讨会，《中国经济史研究》编辑部发起并于2018 年开始每年举办青年经济史论坛，北京大学经济学院经济史学系每年举办中外经济思想史研究暑期讲习班等，一些经济史研究团队组织各种经济史、经济思想史专题讲座，部分高校及研究单位组织的经济史、经济思想史研讨工作坊等，对推动经济史研究特别是年轻学者的成长具有一定的引领作用。特别值得注意的是，硕士、博士学位论文及博士后出站报告中质量上乘的经济史选题越来越多。一些经济史博士后出站报告入选博士后文库乃至国家哲学社会科学成果文库，得到学界好评。随着中国改革开放的不断深入和世界地位的提高，有一定数量的留学归国人员加盟经济史研究与教学团队，也有一定数量的国外青年学者来到中国高校和研究单位从事经济史教学与研究工作，中国中青年经济史学者人才构成及知识结构发生了比较大的变化。这种人才结构的优化，对于今后中国经济史研究的持续、稳定发展，提供了人才储备。

（六）国际交流进一步活跃

中国学者与国外学者在经济史学界的对话与交流，在近年来尤其是"十三五"期间更加活跃。2016 年、2018 年分别在日本京都和法国巴黎举行的世界经济史年会上，中国学者积极参与，受到国际经济史学界的一致好评，对于展示中国经济史学界学者的风采，传播中国学者在经济史研究领域的成果具有积极作用。值得一提的是，中国经济史学会推荐的青年学者，在 2018 年世界经济史大会上被推选为会议执行委员[1]，标志着中国经济史学界在国际经济史学界受到了较高的认可。

中国学者与世界经济史学界的沟通与交流，不论在深度还是在广度上均有所进展。比较典型的案例是，《剑桥中国经济史》

---

[1] 颜色教授在这次会议上当选世界经济史学会执行委员之前，先后有著名的中国经济史学者李伯重和马敏担任该会议执行委员。

中文版 2018 年出版后，中国学者与作者进行了直接对话，这种对话是坦诚与实事求是的，大家对该书的创新、特色尤其是写作方法等给予了充分的肯定，同时也对其中的不足乃至错误提出了批评建议。美国加州大学洛杉矶分校历史学教授、汉学家 Richard von Glahn（万志英）所著 *The Economic History of China：From Antiquity to the Nineteenth Century*，中文版由中国人民大学出版社出版。北京大学组织中国学者与作者万志英进行了面对面的学术交流。在该书中文版作序者李伯重的精心组织下，中国社会科学院、北京大学、清华大学、中国人民大学、中山大学学者就"经济史的写法"与作者展开坦诚讨论，对该书的写作体系、研究方法、分析和总结均给予较高的评价，对该著作完成于一人之手表示钦佩，尤其强调其对于今天中国学者研究中国经济史多有启示。同时，也坦率地指出《剑桥中国经济史》在史料、叙述、理解等方面存在的一些问题，包括经济史研究范式、理论和方法的讨论，以及体例和史料等方面存在诸多值得商榷的地方。同时，大家对经济史著作翻译的专业性与规范性要求提出了各自的看法。①

（七）构建中国特色经济史话语体系取得进展

随着中国在全球的不断崛起，具有联系现实传统、接地气的经济史研究日益受到重视，关注现实经济问题，从历史中总结经验教训，并更好地服务于现实社会，当是经济史研究的最终目标。这就需要经济史学者进一步关注社会尤其是中国经济发展现实，整理发掘更多的经济史资料，加强理论与实证的结合，逐步

---

① 李伯重、刘志伟、魏明孔：《经济史的写法——读〈剑桥中国经济史〉（笔谈）》，《首都师范大学学报》（社会科学版）2019 年第 6 期。

建立具有中国特色的经济史话语体系。

中国经济史研究不论在改革开放 40 多年来还是新中国成立 70 多年内所取得重大进展的原因是多方面的，其中既有对以前传统经济史学的传承，也有对新中国尤其是改革开放之后经济史学科的推进，反映了中国经济史学科的连续性和开创性。其中，构建中国经济史话语体系显得特别重要。当然，对于中国特色经济史学科的内涵、外延及其理论方法，学术界还存在一定分歧，但在不断探索中逐渐取得共识也是一个不可否认的事实。经济史学科既有对我国传统学术的继承，也有与时俱进的学术创新。中国的"食货"传统已逾 2000 年，① 积累了丰富的内容尤其是史料，这在世界范围内是独一无二的。今天，中国经济史学界以全球视野和当代立场总结中国经济发展所走过的历程，深入探讨包括历史在内的中国国情，学者普遍认为现代化是当今世界不可逆转的发展潮流，是经济史研究的题中应有之义。中国经济史研究者在参考、引进国外经济史、经济思想史理论研究方法的同时，要在立足中国经济历史与现实的基础上，走中国特色的经济史研究道路。今天，构建具有中国特色的经济史话语体系正逢其时，这既有对我国数千年经济史史料与记述历史的积累与传承，也是近代尤其是改革开放以来几代学者与时俱进辛勤耕耘的硕果。中国经济史学科的发展本身就充分说明，越是民族的越是世界的。② 当然，构建中国特色的经济史话语体系任重道远，需要学术界长期不懈的努力。

---

① 我国第一部纪传体史书《史记》中设有《货殖列传》《平准书》《河渠书》等篇章，开创了我国"食货"记述之先河，在其后的正史中，设有《食货志》者多达 17 部，这使我国史书对经济史的记述连绵不断，在世界范围内是独一无二的。

② 金碚：《试论经济学的域观范式——兼议经济学中国学派研究》，《管理世界》2019 年第 2 期。

（八）经济史研究平台在不断增加

经济史作为一个交叉基础学科，其学科平台呈现不断增加的趋势。经济史学科的集刊数量在增加，所刊登的论文的学术质量得到学术界的普遍肯定。特别是一些集刊入选中文社会科学引文索引期刊（集刊），即成为 CSSCI 收录集刊，进一步提高了集刊之间的交流与信息分享，推动了集刊在学术界的认可度。《海洋史研究》《中国经济史评论》《产业与科技史研究》《新丝路学刊》《财政史研究》《企业史研究》等集刊，编辑越来越规范，文章质量不断提高，特别是随着集刊在各评价体系中得到认可，经济史的影响力在不断提升。中国社会科学院和中国历史研究院对优秀集刊都进行了资助，反映出学界对集刊的重视与认可。与此同时，不少综合性期刊也开辟经济史研究的专栏，增加了经济史研究成果发表的园地。《中国经济史研究》杂志多年来坚持刊登经济史博士学位论文介绍，"十三五"期间选登经济史博士论文介绍近 50 篇。中国经济史学会、中国经济思想史学会、中国商业史学会等有关学会，定期和不定期地举办各种学术讨论会，已经成为经济史、经济思想史学工作者联系、沟通和交流不可或缺的平台，对推动经济史学科的发展意义重大。

（九）重视学科建设与人才培养

"十三五"期间各研究单位和高等院校对经济史学科建设和人才培养比较重视，取得了明显成效。经济史作为理论经济学的二级学科①和中国历史二级学科专门史的主要方向之一，系重要

---

① 理论经济学包括政治经济学、经济思想史、经济史、西方经济学、世界经济以及人口、资源与环境经济学 6 个二级学科。就国家学科名录来说，历史学科中有 5 个一级学科（包括中国史、世界史、考古学、军事史、科技史）涉及中国经济史的内容。

的基础学科，越来越受到重视。中国社会科学院经济研究所、近代史所、古代史所、当代中国研究所等，上海市社会科学院、天津市社会科学院、广东省社会科学院、山西省社会科学院等，北京大学、清华大学、中国人民大学、北京师范大学、厦门大学、南开大学、中央财经大学、上海财经大学、中南财经政法大学、西南财经大学、郑州大学、首都师范大学、四川大学、西南大学、中山大学、河北大学、云南大学、华中师范大学、武汉大学、南京大学、南京师范大学、河北师范大学、安徽大学、安徽师范大学、兰州大学、西北大学、陕西师范大学、西北师范大学、山西大学等单位的经济史研究表现出强劲势头，且各有特色。在经济史硕士生、博士生培养方面，学生数量逐年增加，博士论文的规范性与创新性均有明显提高。特别是上海财经大学[①]和中央财经大学、北京大学先后成立经济史学系，在经济史人才培养方面发挥着重要作用。博士后流动站中的经济史研究人员数量在增加，博士后在站期间申请博士后文库、国家社科基金青年项目等，显示出明显优势，系补充高校和研究机构经济史人才的重要渠道。经济史研究人才培养取得了长足进步，各研究单位均比较重视人才培养与人才引进。经济史领域出现了一些代表性学术人才，且有些研究团队还形成了具有一定学术影响力的经济史学派。

二　经济史研究中值得关注的几个问题

　　"十三五"期间，中国经济史研究成绩显著，但也存在一定

---

① 上海财经大学在全国率先成立经济史学系的基础上，于 2020 年 12 月成立了中国经济思想发展研究院。

的不足，主要包括以下几个方面。

（一）经济史、经济思想史研究中的学术评论尤其是学术批评非常薄弱

学术贵在创新，而学术评论尤其是学术批评是推动学术争鸣、鞭笞学术不端、净化学术氛围必不可少的手段。现在存在的一个不良现象是，经济史评论文章往往是老师给学生延誉，或者是学生为先生鼓吹，也有朋友和同行互相"抬轿子"的，鲜有真正从学理上进行评论的佳作。《中国经济史研究》原来设有"经济史评论与争鸣"的栏目，后来因为没有上乘的文章而撤销，其原因是多方面的。其中一个重要原因与现在的评价标准有一定的关系，不少单位在科研成果评价方面，不将书评和综述视作科研成果，这是有失偏颇的。因为有质量的学术评论和学科综述往往能够反映作者的理论水平与学术见地，从而引起学术争鸣乃至引领学术方向。中国经济史学会会刊《中国经济史评论》正有志于此，但同样面临高质量文章较少的问题。

（二）对新公布的经济史资料的甄别、深入解读和研究严重滞后

正如前文所强调的，近年来尤其是"十三五"期间，经济史资料的发掘与整理出版取得了长足的进步，但是一些成果只是对关键词的简单量化统计，没有下功夫对资料、数据背后的东西进行深入挖掘与研究。因此，对新材料的消化和利用、做到前辈学者所提倡与践行的"贵在得间"，在今天仍然是非常重要的。

（三）重复研究乃至学术不端现象时有发生

重复研究乃至学术不端已经超出了本书所评价的范围，实际上

这类情况不仅存在，而且比较普遍，重复研究的情况尤其如此。一些论著对以前的研究成果关注不够，实际上是在"炒冷饭"，没有达到应有的水准。要完全杜绝这方面的情况，仍然任重道远。

（四）贯通、宏大的研究成果比较少见

学界批评的"明史不清，清史不明"的情况，今天仍然存在。一些短平快的成果是为了应付考核，而不是基于真正的学术追求，因此贯通、宏大的研究成果显得凤毛麟角。经济史、经济思想史研究中的浮躁现象，不断受到学术界的批评。这方面的情况比较复杂，与时下的评价体系等有一定的关系，"十年磨一剑"的研究者会被年度考核体制所淘汰。

（五）经济史学科的封闭性依然存在

学界有一种观点，认为历史学的经济史所反映的是历史中的经济，而经济学的经济史则是经济中的历史，两者在一定程度上仍存在研究方法上各自为政的状态，更不用说对其他学科理论与方法的借鉴了。因此，经济史对不同学科理论与方法的融合或相互借鉴仍有待加强，经济史学科迫切需要学科开放与融合。

（六）经济史教材还显得单调

目前，仍需要加强对经济史教材编写的支持力度。虽然已经有南开大学、北京大学、北京师范大学教授共同组织编撰的《中国经济史》教材，但是相对于该学科的地位，经济史教材还是显得单调，没有出现百花齐放的局面，难以满足学科建设与人才培养的需要。①

---

① 有些高校编写的经济史教材，因为没有纳入教育部门认定的教材体系之内，所以影响力不大。

（七）对我国前辈经济史学家学术成果的整理与研究重视不够

自 20 世纪 20 ~ 30 年代以来，仁人志士对中国国情、中国社会经济的探索，取得了令人称道的成果，同时也成为指导社会实践的重要依据。而我们今天对这些重要成果没有给予必要的尊重与总结。应该说，经济史研究的真正繁荣，需要传承与创新并驾齐驱，因此，对第一代、第二代马克思主义经济史学家的学术成果进行梳理与研究显得非常重要。[①]

（八）一些研究背离经济史的本质

经济史研究方法的多样化正在兴起，这无疑推动了经济史研究的进步，但是一些研究成果在利用数据和研究工具时，已经表现出背离经济史本质、不去考量数据背后的深层次原因的倾向，为数据而数据、为模型而模型的倾向受到学者的诸多诟病；一些研究成果与所研究时期的实际情况相差甚远，有的研究成果为引起学界关注追求标新立异，等等。

（九）近现代档案资料公布严重滞后

相对于近年来经济史资料的发掘、整理与出版呈井喷势头，我国近现代经济史档案资料的公布显得严重滞后，这在一定程度上制约了经济史研究的深入。同时，近现代经济史档案资料发布的严重滞后，对我们进一步树立文化自信、向世界讲好中国自己的故事或经验是非常不利的。

---

① 刘志伟：《沿着前辈开辟的中国经济史研究路径前行》，载魏明孔、戴建兵主编《中国经济史评论》2017 年第 1 期，社会科学文献出版社，2017。

三　展望

通过前面对"十三五"期间中国经济史研究取得的成就及存在的一些问题的简要梳理与总结，我们可以对中国经济史研究的未来略做展望。

一是 2020 年以后，新冠肺炎疫情在全世界蔓延，至今还在影响世界的生产与社会秩序，这对经济史研究也产生了不可忽视的影响。自然灾害特别是疾病史的研究，将成为今后新的研究热点，包括赈灾、疫情恢复与发展经济等，将成为"十四五"期间经济史研究的重点方向之一。

二是全球视野下中国经济史话语体系的构建，需要从资料与理论两方面努力，为进一步形成并树立中国经济史学独特的话语体系奠定坚实基础。①

三是经济学、历史学和社会学方法和理论融合，将成为经济史研究的一个重点。与此同时，借鉴其他学科的研究方法和理论，也是经济史、经济思想史学科关注的一个方向。

四是经济史资料的甄别、消化和利用，尤其是数据库建设会越来越受到重视。要继续重视新史料的发掘、整理、甄别与发表，重视研究资料的交流与共享，为实证与理论研究提供更加扎实的资料基础。

五是贯通、宏大的研究成果颇受期待，这已经一定程度地体现在了国家社科基金重大项目上，相信今后会有一定数量的重要成果问世。

---

① 叶坦：《重写学术史与"话语体系"创新——中国特色经济学话语体系创新及其典型案例考察》，《经济学动态》2014 年第 10 期。

六是社会转型研究有所突破。目前，我国乃至世界正处于社会转型的关键时期，不少学者将研究视野置于人类历史上的社会转型，力图从经济史的角度总结社会转型相关的经验与教训。

七是鼓励开展经济史学术评论与批评，在坚守学术传承的前提下促进学术不断进步，这包括学术规范、学术创新等方面的内容。

中国经济史学会秘书处发起并编辑的《中国经济史学研究报告》，在秘书长隋福民教授的主持下，得到各兄弟单位的全力支持，第一本终于出版，可喜可贺！这是与学会会刊《中国经济史评论》相辅相成的学会集体成果。由于我们编辑水平有限，报告存在着不尽如人意的地方。我相信经过学会同人的共同努力，研究报告会不断完善，为学会会员提供学术资讯，为我国的经济史研究添砖加瓦。

目　录

冷门不冷，绝学不绝：北京大学经济学院经济史学的发展

周建波　沈　博

　　北京大学经济学院是近现代中国经济学科的发祥地，也是中国经济史学科研究的传统重镇，见证了中国经济史学科兴衰沉浮的发展历程。长期以来，经济史、经济思想史学科是经济学院的传统优势学科，以史论见长是北京大学经济学院的办学特色。赵迺抟、陈振汉、陈岱孙、赵靖、石世奇、厉以宁、郑学益等一代又一代的学者为北京大学经济史学科的发展做出了突出贡献。

一　溯源：北大经济史学类课程的开设

　　北京大学开设经济史学类课程的传统可追溯至京师大学堂创办时期。早在 1898 年《京师大学堂章程》中，学堂的课程在"专门学"下设有"商学"。旋即慈禧太后发动政变，学堂的制度建设暂时延缓。1902 年《钦定大学堂章程》（即"壬寅学制"）中提到，大学专科仿照日本大学的科目体系，分设政治、文学、格致、农学、工艺、商务、医术七科。其中，"商务科"之下细分为簿记学、产业制造学、商业语言学、商法学、商业史学、商业地理学六种。在预备科中，要求"入商务科者，第二、第三两年除去史学、名学，增习商业史二小时"。[①] 1904 年《奏定大学

---

① 《京师大学堂章程》（光绪二十八年七月十二日），载北京大学、中国第一历史档案馆编《京师大学堂档案选编》，北京大学出版社，2001，第 155 页。

堂章程》（即"癸卯学制"）对学堂课程设置再做深入调整，"商学"被放置到政法科中的"商法"。不过，在当时的课程安排中，"银行及保险学门""贸易及贩运学门""关税学门"等科目均要求修习"商业历史""各国产业史"等经济史学类课程，可见经济史学类课程已经成为经济学类专业的基础课程。

民国时期，北大经济学系虽经历数次调整，但经济史学课程始终是经济学类专业的重要基础课程。在1916年4月印行的《国立北京大学分科规程》中，"经济史"课程是经济学门学生第一学年的必修课程，此外第三学年开设必修课"中国财政史"，第四学年安排选修课"中国通商史及通商条约"。在蔡元培改革北大商科的过程中，"商业史""经济史""经济学史""中国通商史及通商条约"等经济史学课程仍是法科商业门、商业学门学生的必修课或选修课。

二 立基：北大经济史学科教研传统的发轫

五四运动之后，蔡元培着手推进北大的"裁科设系"工作，"经济学系"在北大乃至近代中国经济学科史上首次出现。与此同时，蔡元培积极从基本教学与学术研究等方面改造北大，北大经济学史科的发展由此开始步入正轨。

这一时期不少教员对经济史学给予了高度关注。顾孟余强调，经济学研究既需要了解以往经济之历史与学说，又要关注中国现实问题。① 马克思主义经济学说的早期宣扬者李大钊从西方经济学说演化的视角阐述马克思主义经济学的要点。② 与此同时，

---

① 顾孟余：《〈北大经济学会半月刊〉祝辞》，《北大经济学会半月刊》第29号，1924年12月17日。
② 李大钊：《我的马克思主义观（上）》，《新青年》第6卷5号，1919年9月；李大钊：《我的马克思主义观（下）》，《新青年》第6卷6号，1919年11月。

经济学系的课程设置中也不乏经济史学类的课程。在 1923～1924 学年经济学系的课程表中，黎世衡面向二年级学生讲授"中国经济史"必修课；陈兆焜面向三年级学生讲授"经济学史"课程。此外经济学系还开设三年级学生的选修课程"中国财政史""外国经济史"（刘光一主讲）、"社会主义，其理论及其统系"（顾孟余主讲）等。① 在 1929 年秋季学期北大经济学系的课表中，三年级同学须必修"经济学史"（周作仁主讲）、"中国经济史"（黎世衡主讲）与"中国财政史"（张玮主讲）课程，四年级学生须必修"外国经济史"（梁基泰主讲）。此外，经济学系有部分师生也进行经济史学领域的相关研究，并在相关的期刊上发表经济史学类的文章，譬如《北京大学月刊》第 1 卷第 6 号刊载的陈启修的文章《现代之经济思潮与经济学派》，《北大经济学会半月刊》第 30～31 号刊载王清彬的《边沁之功利主义及其经济思想》，《国立北京大学社会科学季刊》第一卷刊载的李永霖的文章《经济学者杜尔克与中国两青年学者之关系》和李大钊的文章《桑西门的历史观》等。尽管期间曾经历京师大学校的风波，但良好的经济史学教学传统和研究风气为后续北大经济史学科的进一步发展奠定了重要基础。

20 世纪 30 年代初，学成归国的赵迺抟应时任北大校长蒋梦麟与法学院院长周炳琳之邀，到北大经济学系任教授、主任，讲授"经济学原理"与"经济思想史"等课程。赵迺抟（1897～1986 年）是我国经济思想史领域的知名学者。他于 1922 年在北京大学获得文学学士学位，后赴美国哥伦比亚大学政治科学院学习经济学，在经济学家米切尔（Mitchell）的指导下完成硕士论文

---

① 《专件：经济学系课程（十二年至十三年度）》，《北京大学日刊》1923 年 9 月 21 日。

《重商主义与重农主义的比较研究》（1924 年），而后在哥伦比亚大学经济系继续攻读博士学位，并在知名经济学家塞里格曼（Seligman）的指导下完成博士论文《理查德·琼斯：一位早期英国的制度经济学家》（*Richard Jones: an Early English Institutionalist*, 1929）。该论文于 1930 年在美国纽约出版，在美国经济学界产生重要反响，成为研究理查德·琼斯经济思想的重要参考文献。回国后，他继续在经济思想史领域耕耘，曾在《国立北京大学社会科学季刊》发表《价格经济学》（1935）、《国富论学说述原》（1936）、《商业循环之理论》（1936）等文章。

在系主任赵迺抟的主导下，经济学系的课程设置继续强化经济史学课程的要求，逐渐形成了较为成熟的经济学科发展模式。在 1933 年的课程设置中，周炳琳为一年级学生讲授"近代经济史"，从经济与社会等方面向学生介绍近代农、工、商、运输及财政等各项事业的发展状况及存在的问题，意在给予初学经济科学者以历史及现状的一般事实的知识；周作仁为三年级学生讲授"经济学说史"，介绍西方重商主义、重农学派、古典学派、正统学派、社会主义学派、历史学派、心理学派等经济学说流派；胡谦芝为四年级学生讲授"中国财政史"；赵迺抟为四年级学生讲授"经济理论"课，其实际内容是近代西方各经济学派的演化与比较。[①] 到了 1935 年下半年，经济学系进一步增加经济史学类课程的分量，具体包括赵迺抟讲授的"经济学说史"、德籍教授李乃禄讲授的"现代经济思想"、卢郁文讲授的"劳动运动与社会主义史"等。

在研究生培养方面，经济学系相当重视学生的经济史学素

---

① 《北大经济学课程说明》（1933），转引自孙家红：《通往经世济民之路：北京大学经济学科发展史（1898—1949）》，北京大学出版社，2012，第 89～94 页。

养。在 1932 年北大研究院经济专业研究生入学考试中，考题就由经济理论、经济史与实际问题（统计学、货币银行、财政学）三部分构成。① 根据 1933 年的一份档案，赵迺抟、周炳琳联合指导数名学生，其中熊正文的研究题目是"经典学派经济学与马克思学说之比较"，陈家芷的研究题目是"世界经济恐慌"。在课程安排方面，"经济史""农业经济史"（周炳琳主讲）、"经济学史"（赵迺抟主讲）等也成为经济专业研究生的修习课程。

1937 年日本全面侵华，打断了北大的正常教学与科研工作。抗日战争全面爆发后，当时的北大、清华、南开三校开始筹划组成长沙临时大学。根据 1937～1938 年长沙临时大学经济学系的课表，赵迺抟继续讲授"经济思想史"，清华大学经济学系专任讲师张德昌讲授"欧洲经济史"与"近代欧洲经济发展史"。1938 年，随着战时形势日趋紧张，长沙临时大学相关人员继续南迁到西南大后方，并组成"国立西南联合大学"。在艰苦的抗战期间，西南联大经济商业学系的课程始终重视理论与应用的结合，而经济史学类课程也未曾被落下。三校教员的聚合极大地丰富了经济史学课程的内容。此外，以赵迺抟为首的经济学教员在艰苦环境中坚持研究。赵迺抟在《北京大学 40 周年纪念论文集》《财政学报》等书刊上发表《近 40 年来经济科学之发展》《经济理论与财政政策的联系》等文章，并参与当时教育部经济学名词审查委员会审定经济学术语译名的工作。②

抗战胜利之后，北大、清华、南开三校开始回迁复校。复校后，北大经济学系的课程设置沿袭以往特色。至于经济史学

---

① 《北大研究昨考竣　社会科学试题昨发布》，《京报》1932 年 10 月 15 日。
② 张友仁：《赵迺抟》，《经济学动态》1981 年第 5 期；张友仁：《赵迺抟教授的生平和学术（下）》，《西安财经学院学报》2015 年第 2 期。

类方面的课程，据 1946 年下半年的课表，赵迺抟继续向本科三、四年级的同学讲授"经济学史"选修课，此外还开设"英文经济著作选读"与"中国财政史"等课程。与此同时，北大经济史学科的另一位重要的开山学者陈振汉来到北京大学任教，为经济学系的学生讲授"近代中国经济史"和"中国经济史专题研究"等课程。陈振汉（1912～2008）是我国知名的经济学家、经济史学家。他于 1935 年在南开大学经济学院获得学士学位后，考取了清华大学，并在 1936 年秋公费留美学习经济史，进入哈佛大学文理研究生院经济系，在著名经济史学家阿希尔（A. P. Usher）教授的指导下，完成博士毕业论文《美国棉纺织工业的区位：1880—1910》（*The Location of the Cotton Manufacturing Industry in the United States*：1880 – 1910），论文的一部分以《美国棉纺织业成本和生产率的地区差异：1880—1910》（*Regional Differences in Costs and Productivity in the American Cotton Manufacturing Industry*：1880—1910）为题，于 1941 年 8 月发表在美国经济学顶级刊物《经济学季刊》（*The Quarterly Journal of Economics*）上。学成归国后，他曾到南开大学研究所（1940～1946）、中央大学（1942～1946）任教，并于 1946 年加入北京大学经济学系。不过 1949 年以前，陈振汉的主要研究方向是经济理论、比较经济制度、经济政策与工业区位理论，[①] 在《新经济》《工业月刊》《社会科学杂志》《燕京社会科学》等刊物上发表多篇有关工业区位问题、西方工业区位理论学说史的文章。与陈振汉同一年到北大经济学系任教的还有撰写《中国历代利息问题考》的熊正文。

这一时期，北大经济史学研究也取得了不少成果。在 1948 年

---

① 吴传清：《陈振汉的工业区位经济思想研究》，《贵州财经学院学报》2010 年第 6 期。

的《国立北京大学五十周年纪念论文集目录》中，有赵迺抟的文章《最足以代表五十年来底美国经济思潮的经济学派——制度经济学派》，陈振汉的《官督商办制度与轮船招商局的经营》，熊正文的《宋代的农贷》。[①] 尤其值得一提的是经济学系主任赵迺抟完成并出版《欧美经济学史》一书。《欧美经济学史》是他在北大和西南联大讲授"经济思想史"课程讲义的基础上编撰而成，初稿写于生活条件极为艰苦的滇南鹅塘，而后历经波折，于1948年夏天在北平定稿。该书较为全面地介绍了欧美近代各经济流派的学说，专门考证和论述了70多位欧美经济学家的生平及其经济思想，可谓赵迺抟20余年研究与讲授经济思想史的结晶。由于该书交付正中书局出版，而1949年正中书局迁往台北，书稿便也随着到了台湾，此后共出版九版，广泛流传。[②]

三 初创：北大经济史学科的本土化发展

中华人民共和国成立后，北大经济史学科迎来了新的发展阶段。一方面，老先生们极为重视教学工作，用心指点所带的学生，从而为中国经济史学科的进一步发展培养了一批重要的人才；另一方面，老先生们甘于坐"冷板凳"，埋头扎进枯燥的史料发掘工作中，为后来学者进行中国经济史学科研究奠定了重要的基础，也更进一步地推进了中国经济史与中国经济思想史领域的研究。

赵迺抟卸任经济学系主任后继续任教，并极力支持北大经济

---

① 《国立北京大学五十周年纪念论文集目录》，《北京大学五十周年纪念特刊》，1948。
② 张友仁：《赵迺抟教授的生平和学术（下）》，《西安财经学院学报》2015年第2期。

史学科的发展。在陈岱孙、徐毓枬等到北大经济系讲授外国经济思想史之后，他积极响应整理祖国文化遗产的号召，转而投身于中国经济思想史的研究工作。由于当时国内对中国经济思想史的研究仍处于草莱未辟的状态，赵迺抟只能从基本资料的收集与整理着手："中国经济思想史的科学著作很少，要在这方面有所成就，只能从系统地收集有关的资料开始；否则，研究工作只能建立在沙滩上。"①

此外，陈振汉在中华人民共和国成立后曾任北大中国经济史研究室主任。当时中国经济史研究室的一项中心工作便是《清实录》《东华录》经济史资料的选编工作。1952 年院系调整后，他出任北京大学经济系代理主任（1952～1953）。与此同时，教育部在北京大学经济系设置经济史研究点，以极力推进《清实录》经济史资料的搜集与选编工作。这也是 1956 年周恩来总理所主持的全国科学长期规划中的几个重要资料整理项目之一。陈振汉倾注心力协助整理《清实录》经济史资料，并取得初步成果。1955年，他在《经济研究》上发表文章《明末清初（1620～1720 年）中国的农业劳动生产率、地租和土地集中》，在国内外学术界引起了较大的反响。

樊弘、熊正文、周炳琳等亦在中华人民共和国成立初期参与北大经济史学科的教研工作。樊弘（1900～1988）于 1946 年起任北大经济系教授，1949～1952 年任北京大学经济系主任，专研马克思主义和凯恩斯主义经济学，是我国最早对马克思主义理论与西方经济理论进行比较研究的学者之一，曾于 20 世纪 60 年代初与高鸿业、罗志如、胡代光等人合作编著《当代资产阶级经济学说》（商务印书馆，1962－1964）。熊正文（1910～2006）在 20

---

① 《研究中国经济思想史的一块基石》，《光明日报》1980 年 7 月 19 日。

世纪 20 年代末进入北京大学、燕京大学两校经济系攻读硕士学位，并在 1946 年受聘为北京大学经济系教员，曾主讲中国近代经济史等课程，中华人民共和国成立后与陈振汉等人一同参与《清实录》经济史资料选编工作。周炳琳（1892～1963）在民国时期曾任北京大学法学院、西南联大法学院院长等职，并于 1949 年后辞去北大法学院院长等行政职务，专任经济系教授，主要讲授"外国经济史"等课程，后来参与马克思《政治经济学批判大纲》法文部分的翻译工作。

1952 年院系调整后，陈岱孙、赵靖、徐毓枏等优秀的经济史学者也来到北大经济系，为北大经济史学科开启新辉煌奠定了重要的人才基础。陈岱孙（1900～1997）是我国著名的经济学家，在财政学、国际金融、经济学说史等领域都有极高的研究成就，是国内外国经济思想史领域公认的领头人与奠基人。他于 1918 年考入清华学校，1920 年毕业后公费赴美国威斯康星大学留学，两年后进入哈佛大学攻读硕士与博士学位。学成归国后，陈岱孙任清华大学经济系教授，抗战期间任西南联大经济系主任。院系调整后，他于 1953 年到北京大学经济系任教，并长期担任经济系主任（1954～1983）。陈岱孙专长于研究经济学说史，长期给经济系学生讲授该课程。据他的学生厉以宁回忆，在"文革"以前的那些年里，陈岱孙先生的经济学说史是"北大经济系最受学生们欢迎的一门课程"①。在长期授课的过程中，陈岱孙逐渐形成了自己的学说史体系，在 20 世纪 50 年代时形成《经济学说史讲义》，以马克思主义的观点与方法科学地评价西方资产阶级经济学，而后还参与《经济学说史》教科书的编写。与陈岱孙一同来到北大

①　厉以宁：《弦歌不绝，道德文章——深切悼念陈岱孙老师》，《经济研究》1997 年第 9 期。

经济系的还有徐毓枬。徐毓枬（1913～1958）早年赴英国剑桥大学留学，师从知名经济学家凯恩斯，于 1940 年获得经济学博士学位。他回国后到西南联大任教，讲授"现代经济名著选读""经济名著研究"等课程，并成为国内首位完整翻译凯恩斯著作《就业、利息和货币通论》的学者。院系调整后，他也来到北大经济系任教，并与陈岱孙一同讲授"经济学说史"课程。他负责讲解古希腊古罗马经济思想、中世纪经济思想、重商主义和凯恩斯学说，陈岱孙则负责讲授重农学派、古典学派以及从萨伊到马歇尔的西方各流派经济学说。① 可惜的是，徐毓枬于 1958 年不幸病逝，而后的经济学说史课程只能由陈岱孙一人长期主讲。在北大经济系任教期间，徐毓枬曾在《经济研究》上发表《纯粹流通费用的补偿问题——一个尝试性的解决》（1956 年第 5 期）、《凯恩斯是资本主义的保卫者（上、下）》（1957 年第 1 期、第 2 期）等文章。

曾在南开大学和燕京大学任教的赵靖在这一时期也来到北大经济系。赵靖（1922～2007）是中国经济思想史学科的主要开拓者与奠基人。② 1947 年，他以论文《美国制度学派的经济思想》获得硕士学位，并在南开大学经济研究所和燕京大学任教。他早期并非专攻中国经济思想史研究。20 世纪 50 年代初，他聚焦社会主义经济建设的相关问题，并在《北京大学学报》（哲学社会科学版）、《经济研究》等期刊上发表文章。50 年代末，高教部时任副部长、知名经济学家黄松龄视察北大，提议具有浓厚文化与史学传统的北京大学在当时才刚步入正轨的中

---

① 厉以宁：《弦歌不绝，道德文章——深切悼念陈岱孙老师》，《经济研究》1997 年第 9 期。
② 周建波、颜敏：《赵靖的中国经济思想史研究历程及学术贡献》，《中南财经政法大学学报》2011 年第 3 期。

国经济思想史研究领域有所作为。由此，赵靖于1959年起开始给学生们讲授中国经济思想史课程，并专研近代中国经济思想史，在《北京大学学报》（哲学社会科学版）、《经济研究》、《学术月刊》等期刊上发表有关冯桂芬、康有为、谭嗣同、包世臣等近代中国知名人物经济思想研究的文章，这一系列文章也成为他使用马克思主义理论方法研究近代中国社会经济思想的开山之作。在此基础上，他和易梦虹共同编写《中国近代经济思想史》上、中、下三册，由中华书局在1964～1966年分别出版。《中国近代经济思想史》是中华人民共和国成立后中国近代经济思想史研究领域出版的第一部系统性教材，成为"中国近代经济思想研究的里程碑式著作"，[1] 基本确立了中国近代经济思想史的研究模式。

在这一阶段，北大经济学系也为中国经济史学科的后续发展培养了一批重要人才，其中当以厉以宁、石世奇、晏智杰、李德彬等为典型代表。厉以宁（1930～　）是我国知名经济学家，因其在改革开放后论证倡导中国股份制改革而获得"厉股份"之称。1951年8月，他考取北京大学经济系，1955年毕业后留校参与北京大学经济系资料室工作，负责翻译苏联经济史学家波梁斯基的《外国经济史（封建主义时代）》（生活・读书・三联书店，1958）等。[2] 1962年，他开始给学生讲授"外国经济史"课程，并一直关注西欧封建主义向资本主义过渡的研究问题，最终形成一系列研究成果。石世奇（1932～2012）专攻中国经济思想史研究，是中国经济思想史学科的重要开拓

---

① 石世奇、郑学益：《寸草集》，北京大学出版社，2008，第4页。

② 厉以宁：《47年研究的总结》，新浪财经，https://finance.sina.com.cn/roll/200309 29/0700464300.shtml，2003年9月29日。

人和奠基人。他师从赵靖先生，于 1960 年在北大经济系毕业后留校任教，在 1964～1966 年参与《中国近代经济思想史》（赵靖、易梦虹主编，中华书局，1964）一书的编写工作，曾与陈岱孙、厉以宁同开"古代汉语"课程，选取《史记·货殖列传》《盐铁论》等有关中国古代经济思想的文章来教学生。① 晏智杰（1939～　　）专研外国经济思想史。1957 年，他考取北京大学经济系本科，随后继续攻读研究生，师从陈岱孙先生，学习西方经济学及其历史，1966 年毕业后留校。② 李德彬（1928～2015）于 1951～1959 年在北大经济系就读本科及研究生，师从陈振汉先生（不确切），毕业后留校工作，专研中国经济史，曾任经济系经济史教研室主任。

在 20 世纪 60 年代初厉以宁讲授"外国经济史"课程之前，朱克烺负责北京大学经济系"外国经济史"的教学工作。1962 年，朱克烺被调到中央党校，参与樊亢、宋则行主编的教材《外国经济史（近代现代)》的编写工作。此后，他参与编著《主要资本主义国家经济简史》（樊亢等编著，人民出版社，1973）等。

20 世纪 60 年代初，中共中央宣传部理论局相关同志到北大经济系调研时曾指出，中外经济史、中国经济思想史和外国经济学说史，以及西方经济学介绍与批判是北大经济系教学中的"三盘特菜"。北大经济系是当时国内能够系统开设中外经济史、中外经济思想史课程并达到很高水平的唯一院系。不过，随着 20 世纪 50～60 年代国内政治运动的持续发展，高校的正常教学与研究工作受到不小的影响，甚至被迫中断。据丁国香回忆，当时政治

---

① 王曙光：《石品清奇师恩长——怀念石世奇先生》，《金融博览》2017 年第 9 期。
② 《生产力研究》信息资料室：《晏智杰先生学术档案》，《生产力研究》2007 年第 1 期。

运动不断，经常长期停课，除少数几届学生能在校正常完成教学
计划课程外，多届学生被精简了不少课程。① 教师的科研工作同
样受到不少干扰。陈振汉因 1957 年的《我们对于当前经济科学
工作的一些意见》所带来的风波，被划为右派而停止教研工作，
在经济系资料室做翻译与资料整理工作。为了保护《清实录》经
济史资料相关整理成果，熊正文曾在"文革"期间将其封藏于家
中地板之下，防止其受损。赵靖所编《中国近代经济思想资料选
辑》（中华书局，1982）手稿在"文革"期间曾被没收查封，所
幸"文革"结束后，他在残稿的基础上重新整理出版，被视为
"中国经济思想研究工作中头一部完整的资料文献汇编"。②

四　成型：20 世纪 80～90 年代北大经济史学科的繁荣

改革开放后，在校、院各级领导的关心与支持下，在全体经
济史学同人的共同努力下，北大经济史学科重新步入正轨，并获
得新的发展机遇，学术研究取得了长足的进步，老一辈学者笔耕
不辍，中青年学者奋发有为，在老先生们的提携下逐渐成长为独
当一面的学科带头人，由此迎来了 20 世纪 80～90 年代北大经济
史学科的繁荣阶段，为中国的改革开放事业与中国特色社会主义
理论构建提供了诸多研究成果与思想资源。

改革开放之初，北大经济史学科在教学、科研、学术交流等
方面均开全国风气之先。由于早前便拥有一批专研经济史学领域
的优秀教员，北大在"文革"之后能够迅速恢复曾被中断的课

---

① 丁国香：《院系调整后北大经济系的教学及"三盘特菜"》，北京大学经济学院官
网，https://econ. pku. edu. cn/xyzx/wyjy/348143. htm，2012 年 4 月 9 日。
② 石世奇、郑学益：《寸草集》，北京大学出版社，2008，第 102 页。

程，而国内不少要开设这些专业课程的学校也纷纷派遣中青年教师到北大经济系进修。改革开放之初，赵靖、石世奇、陈为民合讲"中国经济思想史"课程，陈岱孙、商德文、靳兰征、晏智杰四位老师合讲"外国经济思想史"课程，蒋建平讲授"中国近代经济史"课程，李德彬讲授"中华人民共和国经济史"课程，朱克烺主讲"外国近代经济史"课程，① 陈振汉、熊正文、李德彬、蒋建平等讲授"中国经济史"课程。② 1981 年 11 月，北大经济系经济思想史、经济史两个专业的硕士点、博士点获批设立，陈岱孙、陈振汉两位先生分别入选外国经济思想史和中国经济史方向的首批博士生导师；1982 年，中国经济思想史专业成为国内第二批获得博士学位授予权的专业之一；1988 年，教育部学科目录将中外经济思想史合并为经济思想史，外国经济思想史也被教育部评为全国首批重点学科。这些都是对北大经济史学科建设工作的极大肯定。

在经济思想史领域，赵迺抟、赵靖两位先生在这一阶段为中国经济思想史研究的体系化和规范化做出了突出贡献，逐渐将中国经济思想史研究由"继承拓荒"阶段导向"深化发展"阶段；③ 陈岱孙先生则致力于外国经济思想学说的研究，以推动西方经济学说在国内的传播与发展。

赵迺抟此时虽已年过八旬，仍积极参与中国经济思想史的教研工作，"行言八三不言老，奋笔著述赴长征"。④ 经过二十余年

---

① 王志伟：《我读书时的北大经济系》，北京大学经济学院，https://econ.pku.edu.cn/xyzx/wyjy/348145.htm，2012 年 4 月 9 日。

② 刘伟：《我与经济学院的点滴》，北京大学经济学院，https://econ.pku.edu.cn/xwdt/338269.htm，2018 年 4 月 13 日。

③ 张亚光：《建国 60 年中国经济思想史学科的发展》，《贵州财经学院学报》2009 年第 6 期。

④ 张友仁：《赵迺抟教授的生平和学术（下）》，《西安财经学院学报》2015 年第 2 期。

的钻研，《披沙录（一）》于 1980 年 12 月由北京大学出版社出版，引起学界的高度关注，被视为"研究中国经济思想史的一块基石"。①此后他继续亲自参与多卷《披沙录》的修改与定稿工作。正当他于 1986 年为《披沙录》最后一卷的修改定稿工作而操心时，不幸脑病发作，于 1986 年 12 月 17 日晨与世长辞。

赵靖亦以只争朝夕的精神投入中国经济思想史研究。改革开放之初，他发表了一系列文章，主张经济学界在传承近代思想中向西方学习长处、要求改革、富有理想又正视现实的优良传统。此外，他还出版了一系列中国经济思想史领域的大部头研究著作，包括《中国近代经济思想史》（修订版）（中华书局，1980）、《中国近代经济思想资料选辑》（中华书局，1982）、《中国近代经济思想资料讲话》（人民出版社，1983）、《中国古代经济思想史讲话》（人民出版社，1986），与巫宝三、胡寄窗等一同建构起中国经济思想史研究的初步体系，而《中国经济思想通史》将中国经济思想史研究"推上了一个新的高峰"，②标志着赵靖"已初步确立了自己研究中国古代经济思想史的体系"。③

在学界拥有崇高地位的陈岱孙同样是年过八旬仍坚守教研岗位。1979 年 9 月，他被推选为中华外国经济学说研究会首任会长。在他的指导下，"国外经济学讲座"开始陆续举办，在当时极大地推动了西方经济学理论与方法在国内的传播。他力倡经济学界的"拨乱反正"工作，批驳国内经济学工作者对国外经济情况与经济学说采取"不值一顾的无视态度"，④并陆续发表一系列

---

① 《研究中国经济思想史的一块基石》，《光明日报》1980 年 7 月 19 日，第 4 版。
② 王同勋：《中国经济思想史学科研究的新高峰——评介赵靖教授主编的〈中国经济思想通史〉》，《经济研究》2003 年第 4 期。
③ 赵靖：《中国经济思想史述要》，北京大学出版社，1998，序言第 2 页。
④ 陈岱孙：《规范经济学、实证经济学和西方资产阶级学说的发展》，《经济科学》1981 年第 3 期。

文章为西方经济学正名，强调西方经济学研究与我国社会主义经济改革之间的重要关联，主张"经济理论、经济史、经济思想史的研究是相互促进的"。① 他被张培刚、宋则行和宋承先等学者推举为我国第一部《政治经济学辞典》（许涤新主编，人民出版社，1980～1981）"外国经济思想史"部分的最高顾问和总导师。② 陈岱孙与学生厉以宁合开"西方经济学名著选读"和"国际金融学说专题"等课程。他负责讲授凯恩斯以前的部分，厉以宁则负责讲授凯恩斯与凯恩斯以后的部分。他们还一同编写了《国际金融学说史》（中国金融出版社，1991），填补了当时国内经济学说史研究领域的一块空白。1997 年 7 月 27 日，陈岱孙与世长辞。

在老先生们不懈努力的同时，他们的学生也在积极开拓进取、传承北大经济史学的优良传统。石世奇、晏智杰、郑学益等已经成长为当时的科研中坚力量。石世奇于 1988～1993 年担任北京大学经济学院院长，并曾任中国经济思想史学会代会长。他参与《中国经济思想通史》四卷本（北京大学出版社，1991、1995、1997、1998）、《中国经济管理思想史教程》（北京大学出版社，1993）、《中国古代经济思想史教程》（北京大学出版社，2008）等著作的编撰工作，从不同时期、以不同角度对传统中国经济思想发展脉络的梳理与研究做了重要补充。他还通过对古代"治生之学"的探讨，③ 拓展了学界在中国商业管理思想领域的研究。④ 他主张，中国古代的经济思想是丰富的，有的曾起消极作用，但也有不少

---

① 陈岱孙：《经济科学研究要为四个现代化服务——代发刊词》，《经济科学》1979年第 1 期。
② 张培刚：《文章风范照千秋——悼念陈岱孙先生逝世一周年》，《经济学家》1998年第 4 期。
③ 石世奇：《中国古代治生之学的黄金时代》，《经济科学》1986 年第 6 期。
④ 周建波：《文高岂止阐古意　春来新叶满城隅——记著名经济学家石世奇先生》，《学习时报》2017 年 9 月 29 日，第 7 版。

精华，在当代经济发展中也可发挥积极作用。①

晏智杰在外国经济思想史领域取得了不少研究成果，于1993～2002年担任北京大学经济学院院长。1983～1985年，他参与编著《政治经济学史》（陈岱孙主编，吉林人民出版社，1981），获国家教委优秀教材奖；1985年参与编撰《〈剩余价值理论〉释义》（三卷本，山东人民出版社，1985），获北京市社会科学优秀著作奖。此后，他出版多部论著：《经济学中的边际主义》（北京大学出版社，1987）填补了国内学术界研究西方边际主义思潮演变问题的空白；《古典经济学》（北京大学出版社，1998）与《边际革命和新古典经济学》（北京大学出版社，2004）在较全面、系统的新模式下，对西方资产阶级经济思想发展中出现的重要观点、理论和人物提出"若干具有创建性的论述"（陈岱孙语）；《劳动价值学说新探》（北京大学出版社，2001）和《灯火集——劳动价值学说研究论文集》（北京大学出版社，2002）对劳动价值论进行重新认识与评价，在社会中引起很大反响。他还翻译《现代经济分析史》（巴克豪斯著，四川人民出版社，1992）、《经济思想的成长》（斯皮格尔著，中国社会科学出版社，1999）、《边际效用学派的兴起》（理查德·豪伊著，中国社会科学出版社，1999）等多部国外经济思想史名作，极大地推动了外国经济思想史在中国的传播与发展。

郑学益（1953～2009）专攻中国经济思想史研究，曾任北京大学经济学院副院长、北京大学海外华人经济研究中心秘书长。1978年，他考入北京大学经济系，而后继续攻读研究生，师从赵靖先生，相继获得经济学硕士学位与博士学位，并留校任教。郑

---

① 石世奇：《中国古代经济思想在当代市场经济中的作用》，《北京大学学报》（哲学社会科学版）1999年第2期。

学益致力于传统经济思想、现代企业管理、市场营销、中国近现代转轨经济思想等的研究，先后出版多部专著，《走向世界的历史足迹——中国近代对外开放思想研究》（北京大学出版社，1990）获北京大学青年教师科研著作奖（1990），《中国价格思想史稿》（中国物价出版社，1993）获北京大学第五届科技成果著作二等奖（1996），《商战之魂——东南亚华人企业集团探微》（北京大学出版社，1997）获安子介基金会科研著作奖（1999）。此外，他还参与《中国经济思想通史》《中国经济管理思想史教程》等著作的编撰工作。

在经济史领域，因政治运动而历经磨难、离开经济史教研岗位的陈振汉先生重拾教研工作，继续在中国经济史研究领域深耕。1981～1982年，陈振汉应聘到联邦德国柏林自由大学东亚研究所任客座教授，讲授中国近代经济史。1982年回国后，他与厉以宁一同招收中国、外国近代经济史研究生，被授予全国第一批中国经济史专业博士生指导教师的资格。此外，他继续推进《清实录》经济史资料的整理与编辑工作。在他看来，《清实录》经济史资料具有重要的学术价值，不仅是一部分类编纂的资料书，还能对清代经济史研究起到辅助参考作用。① 1989年，由陈振汉、熊正文、李谌、殷汉章四位先生领衔整理的《清实录》经济史资料上辑《农业编》终于由北京大学出版社出版。1999年，陈振汉《社会经济史学论文集》（经济科学出版社，1999）出版，其中收录了他在经济史和经济史学领域的15篇论文，充分彰显了他所开创的北大经济学院经济史学研究的传统：经济学理论与经济史实践相结合、经济史研究与社会史研究相结合、经济史研究与现实

---

① 陈振汉：《〈清实录〉的经济史料价值——〈清实录经济史资料〉一书前言》，《北京大学学报》（哲学社会科学版）1985年第6期。

相结合（萧国亮语）。①

　　当时经济史领域的教员还有熊正文、李德彬、朱克烺等。李德彬和熊正文主要从事中国经济史领域的教研工作。除了给学生讲授中国经济史相关课程外，熊正文将更多精力投入陈振汉所负责的《清实录》经济史资料整理工作中，为资料的后续出版做出了重要贡献。李德彬同样在中国经济史教研工作上颇有建树，改革开放后转而关注中华人民共和国成立初期的经济史问题，在《北京大学学报》（哲学社会科学版）、《经济科学》等发表多篇关于中华人民共和国成立初期工农产品交换剪刀差、棉花生产、技术设备引进等问题的研究成果，开当时中华人民共和国经济史研究风气之先。②他还编著出版《中华人民共和国经济史简编（1949～1985）》（湖南人民出版社，1987）、《新中国农村经济纪事（1949.10～1984.9）》（北京大学出版社，1989）等。朱克烺则专注外国经济史领域的教研工作，曾参与编著《世界经济史（修订版中卷）》（经济科学出版社，1998）、《经济大词典（外国经济史卷）》（上海辞书出版社，1996）等。

　　此外，胡代光、陈为民、王志伟等老师都参与过经济史或经济思想史的教研工作，为北大经济史学科的发展做出贡献。胡代光曾于1984～1985年担任经济系主任、1985～1988年担任经济学院院长。他与厉以宁合著的《当代资产阶级经济学主要流派》（商务印书馆，1982）曾获北京市哲学社会科学和政策研究优秀成果一等奖（1987），与罗志如、范家骧和厉以宁合著的《当代西方经济学说》（北京大学出版社，1989）获北京市第二届哲学

　　① 王花蕾、隋福民、樊果：《〈清实录〉与经济史研究——"〈清实录〉经济史资料整理出版学术研讨会"会议纪要》，《中国经济史研究》2005年第4期。
　　② 李德彬：《中华人民共和国经济史的理论基础和研究方法》，《经济科学》1986年第6期。

社会科学优秀成果一等奖。陈为民在中国传统经济思想对东亚尤其是对日本经济发展影响的研究方面很有造诣，曾发表或出版与此主题相关的研究成果，包括《儒家伦理与现代企业精神的承接》（中国社会出版社，1997）、《当代日本企业》（兰州大学出版社，1997）等。王志伟于 1977 年考取北京大学经济学系，20 世纪 80 年代初读研期间师从陈岱孙，毕业后留校任教，曾主讲"西方经济学说史""马克思主义经济思想史""当代西方经济学流派""当代西方经济思潮评介""当代西方经济学名著研究"等课程，参与由胡代光、魏埙等合编的《评当代西方学者对马克思〈资本论〉的研究》（中国经济出版社，1990），获第四届"孙冶方经济科学奖"等，此外出版《列宁的新经济政策学说》（经济科学出版社，1987）、《诺贝尔经济学奖获得者希克斯经济思想研究》（北京大学出版社，1996）、《现代西方经济学流派》（北京大学出版社，2002）、《现代西方经济学主要思潮及流派》（高等教育出版社，2004）、《西方经济学流派评析》（高等教育出版社，2019，属于马克思主义理论研究和建设工程重点教材）等。

五 传承与创新：21 世纪初北大经济史学科发展的挑战与转型

进入 21 世纪后，随着西方主流经济学在中国的快速发展，由于经济史学科在学术发表、绩效评估和学术影响等方面存在天然劣势，发展面临着较大挑战，在经济学界中日益被边缘化。[①] 与

[①] 于水婧、沈博：《周建波——服务社会的学术研究者与传承"香火"的学科中兴者》，北京大学经济学院官网，https://econ.pku.edu.cn/xwdt/338220.htm，2018 年 5 月 22 日。

此同时，赵靖、郑学益、陈振汉、石世奇等相继辞世，这是北大经济史学教研团队的重大损失。所幸北大经济学院始终高度重视经济史学研究，北大经院经济史学科的各位后继学者努力闯出一片新天地。

21世纪初，赵靖所编撰的《中国经济思想通史》四卷本（北京大学出版社，2002）重新整理出版，该巨著也是目前中国经济思想史研究领域最为全面、系统的著作，确立了中国经济思想史所特有的范畴，并于2003年获国家新闻出版总署授予的"国家图书奖提名奖"。2004年，赵靖生前最后一部系统性的学术专著《中国经济思想通史续集》（北京大学出版社，2004）出版，为其长达半个世纪的中国经济思想史研究生涯画上圆满句号。2003年，陈振汉将20世纪80年代的"经济史学概论"课程讲稿进行整理，被收入2005年由北京大学出版社出版的《步履集》。石世奇与郑学益合编的《中国古代经济思想史教程》亦于2008年由北京大学出版社出版。

在多部经济史学著作出版问世的同时，北大经济学院经济史学教学工作也在不断推进。在各位老先生以及各位中青年学者的共同努力下，北大经济学院的经济史学教研体系不断系统化和更加完善。在这一阶段，萧国亮、杜丽群、周建波、张亚光、刘群艺、管汉晖、郝煜等学者先后加入北大经济史学教研队伍，逐渐从老先生们肩上接过发扬北大经济史学传统、发展中国经济史学科的重任。

在经济思想史领域，周建波、张亚光、刘群艺等传承赵靖、石世奇、郑学益等先生的衣钵，根据时代发展的新需求，开拓自身在中国经济思想史学科的研究方向与研究内容，继续推动北大中国经济思想史学科向前发展。周建波在攻读经济学博士期间师从石世奇先生，毕业留校后专研中国经济思想史、中国商业管理思想史、中国金融发展史、外来文化在华传播与中国金融业的创新等。他的博士论文《洋务运动与中国早期现代化思想》（山东人民出版社，2001）获北京大学第八届科研著作二等奖、北京市优秀科研著作二等奖、中国经济思想史学会一等奖、北京大学改革开放三十年优秀著作题名奖等。他还相继出版《成败晋商》（机械工业出版社，2007）、《先秦诸子与管理》（山东人民出版社，2008）、《变革时代的管理智慧：儒墨道法与现代管理》（鹭江出版社，2009）等著作。张亚光师从郑学益先生，研究领域包括中国古代货币理论、中国金融政策理论史、近现代经济发展思想、传统文化与经济管理等，曾参与编著或翻译多部作品，包括《中国民营企业启示录》（北京大学出版社，2005）、《商智——成语与管理》（五洲传播出版社，2007）、《东方式直销：构建亲和力的营销模式》（北京大学出版社，2007）、《千年金融史》（威廉·N·戈兹曼著，中信出版集团，2017）、《美国商业简史》（本杰明·沃特豪斯著，中信出版集团，2018）等。此外，刘群艺师从石世奇先生，专研东亚经济史与经济思想史，其著作《经济思想与近代化改革：中日韩比较研究》（华夏出版社，2007）从经济改革思想比较的角度出发，探讨了中国"百日维新"、日本"明治维新"与韩国"甲午更张"三次改革的成败问题。

杜丽群等学者则传承陈岱孙、晏智杰等先生的衣钵，在外国经济思想史领域耕耘。杜丽群师从晏智杰先生，博士毕业留校后聚焦外国经济思想史、西方经济学流派、西方投资理论、环境与资源经济学等领域的研究。她曾参与编著《西方市场经济理论史》（晏智杰主编，商务印书馆，1999）、《西方经济学说史教程》（晏智杰主编，北京大学出版社，2002）等，并翻译《货币数量论研究》（米尔顿·弗里德曼著，中国社会科学出版社，2001）、《已故西方经济学家思想的新解读》（托德·G·巴克霍尔兹著，中国社会科学出版社，2004）等。

在经济史领域，萧国亮先是承袭陈振汉先生的衣钵，而后管汉晖、郝煜等相继加入北大经济学院，共同扛起北大经济学院经济史教研团队的大旗。萧国亮于 1996 年由北大社会学系调入经济学院，从事经济史研究。受陈振汉先生的嘱托，他主持《清实录》经济史资料的整理与出版工作，自 2002 年 10 月起，先后进行《商业、手工业编》《道光至光绪四朝实录》《宣统政纪》经济史资料的整理工作，并最终在 2012 年完成《〈清实录〉经济史资料（从顺治到嘉庆）》的出版工作。① 此外，为了与经济史学教学课程体系配套，他还先后编写、出版《世界经济史》（北京大学出版社，2007）和《中华人民共和国经济史》等教材，并在 2002 年成为教育部《中国经济史》教材编写课题组首席专家。管汉晖于 2008 年来到北大经济学院工作，主要从事中国经济史、发展经济学与国际经济学领域的研究，相关成果在 *The Journal of Economic History*、《经济研究》等国内外顶级学术期刊发表。郝煜于 2014 年来到北大经济学院工作，主要从事经济史、政治经济学与发展经济学等领域的研究，相关成果亦在 *The Economic History Review*、*Explorations in Economic History* 等国际经济史领域的顶级期刊上发表。

学院其他老师也为北大经济史学科的发展贡献了自己的力量。譬如，平新乔专研微观经济学、产业组织理论、财政学和西方经济学史，20 世纪 80 年代时尤为关注产权理论的演变问题，曾参与编撰《国际金融学说史》（陈岱孙、厉以宁主编，中国金融出版社，1991）等，主讲"西方经济名著选读"等课程；王曙

① 萧国亮：《我和北京大学经济学院的经济史研究》，北京大学经济学院官网，https://econ.pku.edu.cn/xyzx/wyjy/348144.htm，2012 年 4 月 9 日。

光主要研究农村金融学、金融伦理学、当代中国经济发展等领域，曾出版《维新中国：中华人民共和国经济史论》（商务印书馆，2019）等；赵留彦在金融史研究方面同样很有造诣，其在民国金融史领域的研究成果曾发表于 *Journal of International Economics*、*The Economic History Review*、*China Economic Review*、《经济研究》、《中国经济史研究》等国内外期刊。

随着北大经济史学教研团队的更新换代，北大经济史学课程体系日益系统化和多样化，涵盖中外经济史与中外经济思想史的相关领域。在经济思想史领域，"中国经济思想史""外国经济思想史""中国商业管理思想"等课程成为经济学院本科生的重要基础课程，"中国古代经济思想""中外经济管理思想""中国经济思想史研究""中国近现代经济发展思想""历史视野中的政府与市场关系""外国经济思想史专题研究"等课程成为研究生培养的重要课程。在经济史领域，"中国经济史""中华人民共和国经济史""世界经济史"等课程成为经济学院本科生的重要基础课程，"经济史研究方法论""经济史专题研究"则是训练研究生经济史学素养的重要课程。为了与课程体系配套，北大经济史学教研团队以长期教学和科研中积累形成的成果为基础，从实际教学需求出发，编著了经济史学系列教程，包括《西方经济学说史教程》（北京大学出版社，2002）、《中国古代经济思想史教程》（北京大学出版社，2008）、《中华人民共和国经济史》（北京大学出版社，2011）等。

在国内外经济学科快速发展的背景下，北大经济史学的发展亦面临新的转型压力。一方面，学界的科研评价体系发生了变化，日益强调学术论文的发表，以更快地回应现实问题的研究需求；另一方面，中外经济学术交流日益频繁，研究方法、研究话题亦趋于国际化。鉴于此，周建波、杜丽群、张亚光、管汉晖、郝煜、刘群艺等新一代中青年经济史学研究者在发扬北大经院优秀的经济史学研究传统的同时，积极回应新的时代需求与挑战，在新时期极力推动北大经济史学科朝着主流化、现实化、国际化①的方向前进。近年来，经济学院已成功举办"北大经济史学名家系列讲座"122 讲、四届中外经济思想史前沿暑期讲习班、两期经济思想专题"黉门对话"，多次举办重大学术交流会议活动，拓展北大经济史学在国内外的学术影响力。为了进一步加强境内外经济史学研究者之间的交流，北大经济学院先后邀请中国台湾清华大学教授赖建诚、美国加州大学洛杉矶分校教授万志英（Richard von Glahn）、伦敦政治经济学院副教授马德斌、伦敦政治经济学院教授邓钢（Kent G. Deng）、香港科技大学教授刘光临、日本爱知大学教授李春利、德国法兰克福大学教授 Bertram Schefold、中国台湾中研院近代史研究所研究员黄克武、瑞典哥德堡大学教授郑京海、美国密歇根大学教授鲍曙明等学者以及李伯重、龙登高、叶坦、贾根良、程霖等境内知名学者到访交流，而北大经济史学科教员也积极"走出去"，多次参与世界经济史大会（WEHC）、亚洲历史经济学年会（AHEC）、中西方经济思想史比较研讨会等国际会议，向世界介绍中国经济史学的研究成果。在论文发表方面，北大经济史学科的教研团队锐意进取，在《经济研究》、《管理世界》、《经济学（季刊）》、《中国经济史研究》、*The Journal of Economic History*、*Explorations in Economic History*、*The Economic History Review* 等国内外知名期刊发表论文，赢得同行的高度评价。新一代北大中青年经济史学研究者已经成长为北大经济学院经济史学科发展的中坚力量。

---

① 周建波、沈博：《改革开放 40 年中国经济思想史学科的发展》，《河北学刊》2018 年第 4 期。

六　新起点：北大经济史学系正式成立

当前，我国正处于加快构建中国特色哲学社会科学三大体系的重要阶段，为了更好地承担时代所赋予的历史使命，为社会主义现代化建设提供更多的经济思想与借鉴，在中华人民共和国七十华诞前夕，2019 年 9 月 27 日，北京大学经济学院成立经济史学系，周建波出任北大经济学院经济史学系首任系主任。校、院各级领导，国内外数十名经济史学界的专家学者受邀出席北京大学经济学院经济史学系成立大会，在送上祝福的同时，也衷心期待经济史学系能够再创学术高峰，积极与国内外各兄弟院校与科研院所加强合作，努力将北大经济史学科建设成为国内乃至国际上的一流学科，为繁荣中国经济史学、经济科学乃至哲学社会科学做出更大的贡献。① 如今，随着北大经济史学系正式挂牌成立，经济史学科正式确立了在北大经济学院的独特地位，标志着在数代学人的不懈努力下，北大经济史学科已经走向成熟。同时，经济史学系的成立也使得北京大学经济学院的学科体系更为完备，更能适应国家对新型经济学人才培养的要求。冷门不"冷"，绝学不"绝"，在未来，北大经济史学系还将乘风破浪，进一步发扬北大经济学院"史论见长"的优良传统，为建成国内外一流经济史学系的目标而努力，与国内外各经济史学同人一起，为新时期中国经济学科的建设添砖加瓦。

---

① 《北京大学经济学院经济史学系成立》，北京大学经济学院，2019 年 9 月 30 日，https://econ.pku.edu.cn/xwdt/337813.htm。

清华大学经济史学的发展

经济史学在清华大学具有深厚的传统，我国经济史研究奠基人张荫麟、梁方仲、严中平、吴承明、何炳棣、杨联陞先生等学术大师，都是从清华园走出去的。梁启超、费正清、吴晗、陈岱孙先生等大家也曾在清华从事与经济史相关的研究。

清华大学的经济史研究曾经一度中断。在"振兴文科"的部署下，1998 年清华大学引进李伯重教授，重建经济史学科，陆续引进龙登高、陈争平、仲伟民、倪玉平等教授，并于 2001 年成立了中国经济史研究中心。不久，经济史学硕士点、博士点相继设立，并与其他相关学科共同建立理论经济学博士后流动站和专门史等国家重点学科。到了今天，清华大学的经济史学科已成为我国经济史研究的重镇之一。

学科现拥有长江学者两名，讲席教授、一级教授各一名。承担数十项国家基金（其中国家社科基金重大项目 4 项）、教育部人文社会科学规划项目等，出版了中、英、日、韩文著作数十部，获得孙冶方经济科学奖、吴玉章人文社会科学奖、中国高校人文社会科学优秀成果奖等二十余项国内外奖项。

学科出版了"清华大学中国经济史研究丛书"（即"清华经济史论丛"），主编了"社会经济史译丛"，将一批国际经济史学家的力作及时译成中文。创建了多种经济史研究与交流平台，包括"清华经济史论坛"，专门邀请国内外著名学者介绍其最新研究成果和国际学术动态；"清华－北大－南开－社科院经济史沙龙"也已成为四方联合展开学术交流与争鸣的平台。

重视国际学术交流，是清华大学经济史学科的一个特点。主要成员经常出访美、欧、日、韩以及中国台湾和港澳地区，合作举办或参加学术会议、在著名学府讲学。李伯重教授是第一位任国际经济史学会执行委员的中国学者，也是国际历史科学大会、国际经济史与商业史学会大会、世界史学会国际大会、亚洲世界史学会大会等开幕式的基调报告人。

清华大学经济史学科与校内相关学术单位（如社会科学学院、人文学院、经济管理学院、公共管理学院、华商研究中心、中国经济思想与实践研究院等）密切合作，重视人才培养。每年招聘高水平的博士后从事合作研究，博士生毕业后入职南京大学，中国人民大学，四川大学，中国社会科学院经济研究所、近代史研究所，瑞典隆德大学等一流机构。学科还与陈志武教授等合作举办了"量化历史讲习班"，为中青年学者进行学术前沿培训。

一　李伯重

李伯重教授分别于 1981 年和 1985 年从厦门大学获得历史学硕士和博士学位，系中华人民共和国成立后首批硕士、博士学位获得者之一，尔后在美国密执安大学完成博士后研究。

历任清华大学经济学研究所副所长、历史系主任，香港科技大学讲席教授，北京大学人文讲席教授。曾任美国哈佛大学、密执安大学、加州大学洛杉矶分校、加州理工学院、英国伦敦政治经济学院、日本庆应义塾大学、法国国家社会科学高等研究院的客座教授，以及美国国会威尔逊国际学者中心、美国全国人文学中心、麻省理工学院、英国剑桥大学、日本东京大学的客座研究员。

曾应邀在世界史学会第八届国际大会（加拿大，1999）、第

21 届国际历史科学大会（荷兰，2010）、国际经济史与商业史学会第 35 届大会（葡萄牙，2010）、亚洲世界史学会第 4 届大会（日本，2019）的开幕式上做基调报告（除了最后一个大会外，都是相关国际学术组织成立以来第一位受邀在大会开幕式上做主题演讲的中国学者）。

1974 年以来，李伯重教授在海内外出版著作 9 部，发表论文多篇。其中专著 *Agricultural Development in the Yangzi Delta*，1620 ~ 1850、《江南的早期工业化，1550 ~ 1850》、《理论、方法与发展趋势：中国经济史研究新探》、《中国的早期近代经济——1820 年代华亭-娄县地区 GDP 研究》，获北京哲学社会科学优秀科研成果奖、中国高校人文社会科学研究优秀成果奖、郭沫若中国历史学奖、东亚（中日韩）"亚洲图书奖"之著作奖、香港研究资助局首届"杰出学术奖"等。

二 陈争平

清华大学教授、山东大学特聘一级教授，国家社科基金重大招标项目"中国近代经济统计研究"首席专家。陈争平教授已出版专著十余部（含合著），其中《中国近代经济史，1895 ~ 1927》获孙冶方经济学优秀成果奖、第四届吴玉章人文社会科学奖一等奖、第二届郭沫若中国历史学奖一等奖、中国社会科学院第四届优秀成果奖一等奖；《中国近代经济史：1927 ~ 1937》获第四届郭沫若中国历史学奖二等奖、中国社会科学院第九届优秀成果奖一等奖；《中国经济发展史》获北京市哲学社会科学优秀成果奖二等奖、第十二届中国图书奖；《中国近代经济史简编》获第十二届中国图书奖；《中国近代经济史教程》获清华大学优秀教材奖二等奖。

陈争平的个人专著《1895～1936 年中国国际收支研究》（中国社会科学出版社 1996 年出版、2007 年再版）从 1895～1936 年中国进出口贸易（包括海关统计与走私贸易估算等）、战争赔款、华侨汇款、外国在华驻军费、资本项目国际收支、贵金属国际流动等专题角度进行了拓荒性研究，在此基础上编制了 1895～1936 年中国国际收支平衡表，并进一步展开分析，为填补重要学术空白的成果，获中国社会科学院第三届优秀成果奖一等奖。

陈争平的《中国经济史探索》是清华大学中国经济史学丛书中的一部，2012 年由浙江大学出版社出版。丛书内容大致分为中外经济关系史研究、企业、企业家及工商社团研究、经济史研究概论 3 个系列。其中《经济史研究若干基本问题探讨》是在答清华大学研究生问基础上整理而成，《中国近代民族工业白银时代的组织调整》《近代中国货币、物价与 GDP 估算》《近代中国手织业的三次抗争》《近代中国铁路建设对北方市场的影响》等则是研究生们感兴趣的一些专题，《东方尼德兰——中国现代化新增长点》《新世纪农业现代化新路径探讨》曾分别提交给了中国科学院第 9、10 期中国现代化研究论坛。

陈争平的《外债史话》《金融史话》是中国社会科学院重点项目"百年史话"丛书之中的两本，由社会科学文献出版社于 2000 年出版，2011 年，社会科学文献出版社又将其编入"十二五"国家重点出版规划项目"中国史话·近代经济生活系列丛书"再版。

三　龙登高

清华大学社会科学院经济学研究所教授，教育部长江学者特聘教授。师从西南联大前辈、云南大学李埏先生，主要从事经济史、企业史、国际华商研究。任清华大学华商研究中心主任，清华大学经济与管理学位委员会委员。

龙登高教授还兼任中国社会科学院经济研究所学术委员会委员、国务院侨务办公室专家咨询委员、全国政协、中国经济社会理事会理事、中国商业史学会副会长和企业史专业委员会主席、中国华侨历史学会副会长、国际华商专业委员会主席。曾为耶鲁大学、哈佛大学、剑桥大学、鲁汶大学等访问学者。

在权威与专业刊物《中国社会科学》《经济研究》《历史研究》《社会学研究》《管理世界》等发表中英文学术论文 100 余篇，出版学术专著 10 部。任国际期刊《华人研究国际学报》共同主编，《量化历史研究》、"社会经济史译丛"、"国际华商研究书系"等丛书主编或合作主编。

获孙冶方经济科学奖（2018），国务院侨务办公室优秀成果一等奖（2011），中国高校人文社会科学优秀成果奖经济学著作二等奖（2002）。主持完成国家社科基金重大项目、国家自然科学基金项目等课题。

四　仲伟民

1963 年生于山东宁阳，历史学博士。现为清华大学人文学院历史系教授、博士生导师，《清华大学学报》编辑部常务副主编。2010 年获新闻出版总署"全国新闻出版行业领军人才"称号，任全国高等学校文科学报研究会副会长兼秘书长。出版有论著《茶叶与鸦片：十九世纪经济全球化中的中国》《宋神宗》等，发表论文多篇。

主要著作《茶叶与鸦片：十九世纪经济全球化中的中国》（生活·读书·新知三联书店，2010）中提出，茶叶、鸦片贸易是 19 世纪最重要的对外贸易，二者把中国卷入世界经济旋涡。该书通过探究茶叶和鸦片贸易的盛衰，以及茶叶和鸦片消费的特点，探讨了 19 世纪中国危机的内涵，从全球化的视角重新解释了 19 世纪的中国经济与社会，是较早采用全球史的方法研究中国历史的著作。

《宋神宗》（吉林文史出版社，1997）中提出，宋神宗在位期间为实现富国强兵而努力有所作为，但研究这段历史的大多数论著只谈王安石而忽视宋神宗。该书对此进行了重新研究，充分肯定了宋神宗的重要作用。对宋神宗和王安石，既没有盲目的拔高，也没有刻意的贬低，有助于读者深入了解这段历史的真相。

五　倪玉平

1975 年生于湖北汉川，历史学博士。现为清华大学人文学院副院长、历史学系教授、博士生导师，教育部青年长江学者（2018），博士学位论文获评"全国百篇优秀博士学位论文"。在《中国社会科学》《历史研究》、*Australian Economic History Review* 等刊物发表学术论文数十篇，出版有《清代财政史四种》、*Customs Duties in the Qing Dynasty*，*ca. 1644 – 1911* 等专著。

代表作 *Customs Duties in the Qing Dynasty*，*ca. 1644 – 1911*（Brill，2016），通过广泛搜集清代关税档案及其他文献，首次为学界系统重建了清代关税的基础数据，并利用人口数据与物价指数提供了清代人均关税数据链。在此基础上对清代商品贸易总量进行了估算，揭示出清朝经济 18 世纪的高速增长、19 世纪上半叶逐渐停滞和 19 世纪下半叶又恢复增长的周期性发展趋势。

《清代财政史四种》、《从国家财政到财政国家——清朝咸同年间的财政与社会》、《清朝嘉道关税研究》（第二版）、《清代漕粮海运与社会变迁》（第二版）和《清代关税：1644—1911 年》，是作者清代财政史研究的最新成果。在此基础上，作者还对清代财政结构的转型、历史上的 GDP 测算等重要问题进行了探索，体现了作者的宏观理论思考。

中山大学历史学系经济史学的发展

一　中山大学经济史学科回顾

　　中国经济史研究始于中国社会史大论战，而比较自觉的体系化研究兴盛于 20 世纪 30、40 年代。唯物史观派、食货派、史学研究会（北平社会调查所与中研院社会科学研究所）和中山大学"现代史学"派构成了民国时期社会经济史研究的主要力量。[①]今天中山大学历史系的经济史研究，就是在坚持马克思主义理论指导下，承继后两个学术传统而来。

　　1932 年，朱谦之在中山大学创办《现代史学》（1933～1938年，1940～1944 年），将推动经济史研究作为其使命之一，以刊发中山大学历史学系学生研究成果为主。该学术群体反思社会史论战中的公式主义，提倡理论与事实的融合。学术成果主要体现是朱谦之指导学生所做的一系列专题研究，如王兴瑞的《中国农业技术发展史》、戴裔煊的《宋代钞盐制度研究》（1942 年研究生论文）等。王兴瑞还以海南岛为对象，在实证研究基础上对地方经济史研究方法做了探讨。

　　20 世纪 40 年代末，岭南大学聘南开大学经济研究所所长陈序经教授担任校长，陈序经校长聘来中研院社会科学研究所梁方

　　① 李根蟠：《二十世纪的中国古代经济史研究》，《历史研究》1999 年第 3 期；李伯重：《回顾与展望：中国社会经济史学百年沧桑》，《文史哲》2008 年第 1 期；殷飞飞、陈峰：《"现代史学"派与中国社会经济史研究的转向》，《山东大学学报》（哲学社会科学版）2020 年第 3 期。

仲任岭南大学经济商学系教授兼系主任，建立经济研究所，延揽彭雨新和谭彼岸①等加入，招收中国经济史研究生。短短两三年内，在梁方仲和彭雨新等人的努力下，在《岭南学报》和《社会经济研究》等刊物上发表了多篇中国经济史论文。1952年院系调整后，梁方仲和谭彼岸加入新组建的中山大学历史系，彭雨新教授调往武汉大学。中山大学历史学系成为中国经济史研究的重要阵地。梁方仲是中国经济史学科的重要开拓者之一。他1934年毕业于清华大学研究院经济研究所，以明代田赋问题为研究生毕业论文选题，开始了经济史研究。梁方仲毕业后入职北平社会调查所（后并入中研院社会科学研究所，即中国社会科学院经济研究所前身），并与汤象龙、吴晗、孙毓棠、谷霁光、夏鼐、朱庆永、刘隽、罗尔纲、罗玉东等发起"史学研究会"，一起编辑出版《中国近代经济史研究集刊》，主持天津《益世报》和南京《中央日报》史学双周刊，以统计等方法整理清代档案，为中国经济史学科的建立做出了奠基性贡献。

梁方仲教授从中研院社会科学所带到岭南大学的中国经济史研究传统，为新组建的中山大学历史系经济史研究奠定了鲜明的社会科学底色和理论思维与史学实证兼重的风格。

梁方仲、戴裔煊、谭彼岸等是新中国成立后中山大学历史系第一代经济史学人，历史系其他研究传统，如陈序经教授开拓的东南亚研究、岑仲勉教授的隋唐史研究，也是中古经济史领域的重要建树。从这一时期起，中山大学历史系的经济史研究逐渐形成以明清时期为中心的中国经济史教学研究与从事世界史教学的

---

① 谭彼岸曾发表《清中叶之货币改革运动》，《说文月刊》1944年第4卷。此文广受好评，被收入包遵彭、吴相湘、李定一编纂《中国近代史论丛》第2辑第3分册，正中书局，1969。在岭南大学期间撰写《资本论中的王茂荫问题》，《岭南学报》第12卷第1期，1952。

学者进行的中外经贸关系史研究齐头并进的格局。

梁方仲在中山大学开设"中国经济史"课程，并参与高等教育部中国史教学大纲经济史方面和中国经济史教材的编写，并且出版了多次修订的《明代粮长制度》（上海人民出版社，1957）。1956年，岭南大学经济系毕业的汤明檖调入历史系，协助编辑《中国历代户口、田地、田赋统计》，指导进修青年教师李龙潜、张维熊注释《明史·食货志》，还指导了杨生民、黄启臣、叶显恩、鲍彦邦、陈国扬等经济史专业研究生。他们后来在先秦、秦汉经济史、明清经济史研究上都取得了突出的业绩，其中叶显恩1965年研究生毕业后留校工作。戴裔煊虽然在当时被分配从事世界古代史教学，但在此期间将《宋代钞盐制度研究》修订正式出版（商务印书馆，1957），其个人研究兴趣也从民族问题逐渐转向澳门史与中葡关系史研究。谭彼岸则继续了货币史研究。①

"文革"结束后，戴裔煊出版《明代嘉隆间的倭寇海盗与中国资本主义的萌芽》（中国社会科学出版社，1982），以世界史通识视角考察了16世纪中国东南沿海的社会变迁，阐发了倭寇动乱背后的社会经济基础。自20世纪60年代以来负责世界中世纪史教学的蔡鸿生在对中外关系史长期耕耘的基础上，陆续发表了关于胡商和番客、中俄贸易和广州贸易的论著，将中外贸易置于世界史、物质文化史、观念史等更为广阔的视野中进行考察。戴裔煊的助手章文钦也在澳门史与中葡关系史研究领域持续耕耘。

梁方仲之后，汤明檖接棒承担起中国经济史的教学研究任务。1981年黄启臣调入历史系，他们与此前留校的叶显恩是中山大学历史系第二代经济史学人的代表。他们整理了梁方仲经济史

---

① 谭彼岸：《中国近代货币的变动》，《中山大学学报》（社会科学版）1957年第3期。

论著，编成三本论文集。汤明檖将梁方仲的讲义整理为《中国古代社会经济史》（中州书画社，1982），撰文强调户籍制度对中国社会经济结构的影响。以各自研究生论文为基础，叶显恩出版了《明清徽州农村社会与佃仆制》（安徽人民出版社，1983），黄启臣出版了《十四～十七世纪中国钢铁生产史》（中州古籍出版社，1989），其中叶著在区域社会经济史领域起到了示范作用。其间，汤明檖培养了研究生刘志伟、陈春声、戴和，三人毕业后留校任教，分别以赋役制度、货币与价格、海关为专攻方向，对应国内的财政、市场与中外经济关系三个经济史的重要面相。陈春声后来负笈厦门大学，师从傅衣凌、杨国桢，获得博士学位，以硕士和博士学位论文为基础出版的《市场机制与社会变迁——十八世纪广东米价分析》（中山大学出版社，1992），在充分占有史料的基础上有机结合了计量经济史和社会史分析，是改革开放后我国经济史研究的开拓性成果。刘志伟的《在国家与社会之间——明清广东里甲赋役制度研究》（中山大学出版社，1997）则在梁方仲论著的基础上进一步揭示了明清赋役结构转变的制度原理及其影响乡村社会的机制。黄启臣也培养了刘正刚、黄国信等硕士研究生，在移民史、盐业史方向上进行开拓，黄国信1992年毕业后留校任教。

　　1984年，汤明檖牵头组建明清经济史研究室（成员有黄启臣、谭棣华、刘志伟、陈春声、戴和），并联合暨南大学历史系李龙潜、广东省社会科学院叶显恩（是年由中山大学历史系调入）等学者承担了全国哲学社会科学"六五""七五"规划重点项目"中国古代经济史区域研究"中的"明清时期广东地区经济研究"课题。通过举办会议，组建明清广东省社会经济研究会，出版《明清广东社会经济形态研究》（1985）、《明清广东社会经济研究》（1987）、《十四世纪以来广东社会经济的发展》（1992），为明清广东经济史奠定了坚实基础，并与国内外同行建立了广泛的学术联系。

汤明檖 1983～1984 年在欧洲讲学期间接触到法国年鉴学派，回国后积极鼓励他的学生开拓新的研究领域。在开展前述广东区域社会经济史研究的同时，刘志伟、陈春声与萧凤霞、科大卫、罗--星等合作开展华南传统乡村社会文化历史研究，并与郑振满、丁荷生等形成密切联系，开始结合人类学的田野调查和历史学的地方文献分析，考察特定历史时空脉络中地方社会的族群、经济、社区组织结构的演变过程。这些努力推动了 20 世纪 90 年代以后中山大学历史系明清区域社会经济史研究向历史人类学的发展，为把握经济运行所嵌入的多层次交叠的乡村社会秩序网络奠定了基础，也为在更深的层次上提炼经济史理论做了准备。

这一时期，历史系其他学者也出版了若干经济史重要专著，比如师承岑仲勉的姜伯勤，1987 年出版了《唐五代敦煌寺户制度》，极大地推进了寺院经济研究。张荣芳对南越国经济史做了全面研究，他和周连宽还对南海交通和贸易进行了考察。

20 世纪 90 年代中期，以陈春声、刘志伟为代表的第三代中山大学经济史学人逐渐成为中山大学历史系经济史学科的带头人。进入 21 世纪，尤其是 21 世纪第二个十年，通过人才引进和学生培养，中山大学历史系的经济史研究向着更加多元、丰富的方向发展。这不仅体现在本系教师的研究上，更体现在他们所指导的学生的研究上，主要有如下亮点。

第一，区域社会经济史取得新进展，结合历史人类学、历史地理、海洋史等多种取向，通过诸多精彩个案揭示了中国经济运行的各种微观社会机制。这突出体现在复旦大学接受过历史地理专业训练的吴滔、谢湜对江南和南岭山地，杨培娜对东南滨海地区，李晓龙等在东南盐场开展的区域社会经济史研究中。而且区域社会经济史取向不仅限于明清时期，任建敏对宋元时期广西经济史也做了探索。王承文的《唐代环南海开发与地域社会变迁研究》更是结合海洋史视角对早期地域社会经济史做出了开拓性贡献。

第二，研究主题向更深更广的方向发展。就国内经济而言，明清赋役财政、盐政、矿业等主题研究由刘志伟、黄国信、温春来等及其学生继续推进深化，吴滔、谢湜开辟漕运研究新领域，黄国信、温春来、吴滔还从物资控制和价格机制两个角度推进市场史与广义流通领域的研究，师承姜伯勤的王承文对晋唐时期岭南金银流通进行了精深剖析，曹家齐对宋代交通做了全面研究。近年引进的学者则在邱捷等学者初步奠定的基础上，全面展开近代社会经济史研究，开辟了许多新方向。如柯伟明的近代中国财政税收研究，杜丽红的近代中国城市社会经济研究，菅野智博的近代中国东北的农村社会经济研究，都取得不少成果。就中外经济关系而言，蔡鸿生继续引领中西经济文化交流史研究，除章文钦继续澳门史研究外，师承蔡鸿生的王川、江滢河、周湘对明代广东市舶太监、广州口岸与中西经济关系、中西毛皮贸易的研究，林英对早期中国与中亚贸易史的研究都取得进展。吴义雄对条约口岸体制的研究，李爱丽对海关史的研究，范岱克（Paul A. Van Dyke）对广州贸易的研究，滨下武志对东亚贸易网络的研究，都从不同角度刻画了中外经济体系接触中复杂的互动机制。而且，近年引进的周立红、龙秀清、朱玫分别擅长法国近代经济史、欧洲中古经济史、朝鲜王朝经济史研究，补齐了外国经济史的短板，形成了中山大学历史系经济史研究的全新格局。

第三，在前述基础上，开始进行理论提升。刘志伟近年提出了"贡赋经济体制"等概念和假说，在学界引起强烈反响。黄国信进一步通过食盐贸易案例对贡赋经济体制下清代市场性质做了深入论述。

第四，人才培养成效卓著，吸引相关人才形成合力。这首先表现在培养的博士生上，邓智华、胡海峰、孙剑伟、李义琼、丁书云、金子灵、阮宝玉、张程娟、钟莉等在赋役、银库、漕运、州县财政方面的研究，陈永升、段雪玉、黄凯凯、叶锦花、侯娟、徐靖捷、李晓龙、韩燕仪从盐政、盐场社会、市场等多角度对食盐这一重要物资的研究，在区域社会经济史视角下，邓永飞、李镇、宋永志、康欣平、徐爽、陈玥、毛帅、武堂伦、蔡群等对土地开发、水利、城乡聚落、矿场社会的研究，张应强、焦鹏、田宓、李贝贝、曾旭对商业与贸易的研究，郭广辉对市镇的研究，马木池对商会的研究，郭德焱对清代广州巴斯商人的研究都取得了扎实的成果。其次表现在本科生和硕士生培养上，周曲洋、申斌分别在中山大学历史系接受本科、硕士阶段教育，找到了自己的学术兴趣和研究思路，目前在宋明财政史领域都已崭露头角。上述学者目前均在不同机构继续从事经济史研究。这还体现在对相关人才的吸引上。如在海关数据和中外贸易史领域有突破性成果的侯彦伯博士、对明末财政研究颇有心得的日本东北大学时坚博士均为中山大学历史系特聘副研究员。

回顾历史，可以看出中山大学历史系的经济史研究在长期发展中形成了一些特色。首先是注重史料与实证，但绝不放弃理论关怀。其次是对中国经济史的探讨兼顾本土因素与中外互动因素，在世界史背景下思考中国经济历史。最后是注意在具体时空环境下，从人的行动出发，分析经济运作机制。其最终追求，是通过剖析中国历史上独特的经济运行机制及其变迁，建立起扎根本土且能与国际学术界有效对话的理论体系。下面从贡赋经济体制、区域社会经济史、中外经济互动与近代经济转型三个角度来对以近五年为主、兼及近十余年中山大学历史系的中国经济史研究做一简要介绍。

二 贡赋经济视角下的传统中国经济

中国经济史研究起步时的"初心"，是基于现实来追问中国经济为什么落后，由此衍生出社会性质、中国有无内在发展动力等一系列问题。尽管从 20 世纪 20～30 年代到今天已经将近百年，经济史的研究主题也几经变化，但无论是中国封建社会长期延续问题、资本主义萌芽问题、市场经济问题、近代经济史中心线索问题、大分流问题，其实都可以归结为指向资本主义市场经济的经济现代化这个主题。

中国经济史研究一直以资本主义发展为潜意识中的关怀，这就决定了研究的基本假设、概念工具和分析逻辑一定是建立在以分析资本主义经济为对象的经济学（包括政治经济学和西方经济学）基础上的。但是一系列实证研究逐渐让人们意识到以资本主义经济为对象建立的分析范畴，在用于研究中国的传统社会时存在明显的不适应。无论是梁方仲强调的商业超越农业、手工业"一马当先"繁荣的机制，还是傅衣凌重视的"既早熟、又不成熟"的社会发展特点，抑或是经君健、李文治指出的商品经济与地主制经济的本质联系，都是觉察到这种不适应之后努力进行理论创新的表现。

这种不适应与其说是理论与史实的背离，还不如说是对波兰尼揭示的"经济的"两种范畴界定间的冲突，即人为了生计向自然界攫取资源并通过各种社会交往形式获得财富的经验事实这一"经济的"实质意义，与在目的和具有多种用途的稀缺性手段之间进行选择的人类行为逻辑这一"经济的"形式意义之间的纠葛。中山大学历史系的经济史学者在长期研究摸索中，逐渐开始自觉地在经济的实质意义上着力，将从经济史的经验性事实中建立具有解释力的社会科学分析性概念和框架作为努力的目标。刘志伟提出的贡赋经济体制假说及其他学者与之相关的一系列研究即是这一努力的集中体现。

（一）贡赋经济体制理论

贡赋经济体制理论，作为一种旨在分析非市场经济体制类型的假说，是在希克斯对经济史理论反思的基础上提出来的。希克斯指出，过去的经济学只关心市场体制，而经济史研究把市场经济从不完善到完善作为基本问题；他强调要重视习俗经济、指令经济（或"岁入经济"，Revenue Economy），将其作为与市场经济并列的经济类型纳入经济史研究视野。贡赋经济体制在本质上与希克斯的"岁入经济"是一致的，但具体到中国历史经验中，商品交换和流通在经济体系中的重要性比一般所说的"岁入经济"要大得多，是贡赋经济体制不可或缺的一种机制。因此贡赋经济体制假说不是强调国家权力对经济（市场）的作用——这仍然是在以市场经济为对象建立起来的形式经济学的范畴之内的，而是针对实质意义上的"经济的"体系。因此这一理论假说关心的，就不只是赋役财政或指令机制在经济运作中的作用，也不只是市场运行中国家权力的影响，而更主要是贡赋体制下的市场运作模式问题。

20 世纪 50 年代，梁方仲指出，明中叶以后商业"一马当先"迅速发展的态势，直接原因是统治阶级奢靡消费的拉动，而其背景则是国家贡赋征缴形态改变引发的虚假繁荣。这种货币流通和交换经济发展形成的市场，主要是靠统治阶级从生产者那里掠夺的产品支撑的。因此，对这种交换经济就不应置于市场经济从不发达到发达的线条上理解，这客观上开启了对非市场经济体制有意识的探究。而汤明檖在梁方仲对明初"画地为牢的社会秩序"论述基础上，进一步强调户籍制度对社会经济结构的巨大影响，揭示了传统中国非市场经济体制的重要面向。

20 世纪 90 年代，陈春声、刘志伟在其货币、价格和赋役研究基础上，结合 80 年代以来从事乡村社会经济史研究的心得，对清代宏观、微观经济运作提出了两个重要假说："农户经济活动的非市场导向性"和"整体市场活动的非经济导向性"。这两个假说是中山大学历史系学人首次把传统中国经济运行机制和市场性质正式作为一个学术问题提出，并且给出了理论判断。

在此基础上，刘志伟近年提出基于食货原理的贡赋经济体制的分析框架。贡赋经济体制下的市场，解决的不是生产资源合理配置的问题，而是解决如何利用交换流通机制实现王朝国家对资源的获取、调配和使用的问题。换言之，贡赋是王朝国家基于自然财富观建立的资源控制系统，市场则是王朝国家贡赋体制运转的产物和实现的工具。同时由于贡赋体制的运作离不开市场流通环节，因此中国历史上发达的商品流通市场，特别是大宗商品和长距离贸易市场，主要是由贡赋运作驱动并在贡赋体制的逻辑下运行的。贡赋与市场的内在连结构成了中国王朝时期的"国民经济体系"，认识这种独特的经济体系有利于我们重新认识市场与非市场体制及其相互关系。这一新的研究取向提出许多值得继续深入研究的新问题，如贡赋经济体制下生产要素的性质与配置原则、"商品"的性质与价值、贡赋供应的空间格局与市场整合机制、商品价格形成和调节机制、财政运作中货币的角色与流通机制及其与市场流通的关系、贡赋体制下的劳动分工、贡赋与市场的主导角色是否转变、贡赋经济与世界市场如何整合等问题，为中国社会经济史的市场研究指明了新的方向。

（二）直接攫取之手——广义财政史

探究国家以直接或间接手段征调、使用资源与财富的广义财政史，无疑是研究传统中国贡赋经济体制首先面对的领域，广泛涉及户籍、土地、赋役编审征发、运输（漕运）、仓储库存、支拨使用、官府内部财政管理、盐课、商税、矿冶等多个方面。

梁方仲以一条鞭法为切入点指出，明中叶赋役体制发生了重大转型，晚明条鞭体制构成了清代乃至民国田赋制度的主要结构。刘志伟在梁方仲和汤明檖研究的基础上，进一步指出一条鞭法之后，"户"从作为人丁事产结合体的家户，变成了登记课税客体的纳税账户，户的性质变化导致了里甲制的变质，也给国家与社会之间各种中间性团体的成长提供了制度空间，从而改变了国家的基层治理模式与民间社会运作的环境。这一论断将赋役史研究与明清社会结构转型联系起来，既开辟了赋役史研究的新空间，也赋予了乡村社会史研究更丰富的内涵。周曲洋则力图打通明清之变与唐宋之变间的藩篱，对宋代田赋征收机制和户的性质做了突破性研究，挑战了成说。

一条鞭法不仅意味着国家与编户齐民关系的转变，还意味着政府内部权力运作方式的转变，中山大学历史系毕业的研究生和新引进的专职科研人员在这一方面做出了重要推进。申斌以《赋役全书》为抓手，通过剖析这一财政经制册籍的形成过程，阐释了法定财政领域里中央集权财政管理体制的落地机制。李义琼则着眼于晚明中央一级不断扩大的白银贮藏，以银库为切入点，揭示了国库制度从无到有、户部向财政部迈进的过程。虽然到了清代户部太仓库已经取得了国库地位，但由于特殊需要，工部节慎库仍保留了部分独立收支，丁书云对此做了研究。时坚则以黔饷为例对明末的军费管理做了考察。

从国家的物资征调环节看，赋役研究与运输（漕运）、粮食仓储密不可分。陈春声对清代广东粮食仓储的研究揭示了其社会结构背景，吴滔也对江南仓储做了探讨。近几年，吴滔、谢湜带领研究生金子灵、阮宝玉、张程娟开辟漕运研究，在鲍彦邦（梁方仲在中山大学历史系指导的研究生）等研究基础上，从运法、运费、运船、运军等要素出发，以漕运实施的不同环节和区域为纲，在漕运与赋役、漕运与财政、漕运与市场等方面，深化了对明清漕运制度中某些基本问题的理解，以漕运的视角探讨明清赋役制度和财政结构的演变，进而把握国内市场以及明清社会的性质。而曹家齐更是对宋代交通制度和南方地区交通做了全面细致的考察。

传统王朝对具有战略性且在国计民生中起着重要作用的物资，一般都采用特别的管理制度，这些制度及其实际运行，体现了传统国家的运作方式，并深刻地影响相关地域的经济结构、社会组织、人员流动与身份意识，有助于我们深入理解传统国家的特质及其治理模式。在明清时期，食盐和矿产资源属于国家严格管控的物资，盐政和矿业也是中山大学历史系明清经济史学人在赋役财政之外的另一主攻方向。

关于盐政，黄国信和中山大学历史系毕业的研究生陈永升、段雪玉、叶锦花、侯娟、李晓龙、徐靖捷、黄凯凯、韩燕仪开辟了新的研究视野。他们对食盐专卖制度提出了一系列新的理解，指出专卖制度是王朝与地方社会对话与冲突的产物，盐法变迁不仅仅代表着中央王朝典章制度的转向，而且与复杂的地方语境有着千丝万缕的联系。他们还通过盐场区域史研究更新了对盐场的户籍与赋役的认识，将"盐场"视为一个"社会"进行考察，重新解读"灶户"这一户籍在盐场的意义，并由此提出明清盐场管理体制多元性的认识。他们还从市场史的角度，发掘盐政中国家与市场的新型关系，重新审视食盐贸易在王朝财政收入中的意义，并对明清时的盐税体制进行了总结。

继梁方仲、黄启臣对明代银矿、冶铁业的系统研究之后，温春来对清代西南矿业的研究取得了突破性进展。他以扎实的实证性研究，考察了西南铜、锌矿业的兴起过程，及其对全国尤其是"康熙盛世"的影响，进而考察铜、锌的战略性意义，分析全国铸币与军用的需要、不同省区之间的竞争以及朝廷、封疆大吏、地方社会间的复杂互动关系，观察生产和运销政策在有清一代发生的诸多变化，最终讨论官府在铜、锌生产、分配与运销中如何与当时高度发展的市场力量整合，又形成了何种模式以完成王朝管控铜锌矿业与矿产的重任。这一研究无疑为我们理解清代财政体制和经济管理模式提供了重要素材。

（三）贡赋经济体制下的市场史

贡赋是王朝国家基于自然财富观建立的资源控制系统，市场则是王朝国家贡赋经济体制运转的产物和实现的工具。同时由于贡赋经济体制的运作离不开市场流通环节，因此中国历史上发达的商品流通市场，特别是大宗商品和长距离贸易市场，主要是由贡赋运作驱动并在贡赋体制的逻辑下运行的。贡赋与市场的内在连结构成了中国王朝时期的"国民经济体系"，这种独特的经济体系利于我们重新认识市场与非市场体制及其相互关系。

黄国信率领盐史团队深耕食盐市场研究，深入揭示了贡赋体制下的市场运作的细节，并提出了原理性认识。对盐市场的既有研究，实质上都是将国家控制体系与自由市场体系割裂为两极的二元论逻辑。黄国信及其团队指出，虽然求取课税是明清食盐贸易制度设计的基本目的，但是制度安排体现出市场导向的基础性价值，国家自觉地运用市场逻辑来实现物资、财富的获取、调转和分配。由于食盐贸易制度是王朝主导的垄断专卖制度，所以官员的个体利益诉求是食盐贸易的基本逻辑之一，由其驱动的制度的非正式运作奠定了食盐市场的真实制度背景，而私盐则是市场对王朝食盐贸易制度的表达与反馈。这说明国家与市场是不可分割、共存共生的有机体，因此政府深度参与的食盐市场便成为折射传统国家与市场互动依存关系的棱镜。此种研究取向和学术理路，既是对梁方仲以来贡赋经济体制研究传统的继承，又是对波兰尼"再分配型"市场和"嵌入性"理论的反思和推进，深入剖析的是传统中国市场嵌入国家与社会的方式、机制、收益以及被嵌后的市场反应等问题，并用宋代至明清以来食盐贸易的实证材料，说明传统中国市场嵌入国家与社会始终建立在发达的市场基础之上。这不仅是盐史研究领域内的方法论创新，还有助于拓宽和加深中国传统市场史研究的范围和深度。

价格机制是市场机制的核心，对价格形成机制的分析是深入考察不同类型经济体系运行机理的重要切入点，也是深入认识传统中国贡赋经济体制的必要条件。货币与价格问题一直是中山大学经济史研究者的关切。梁方仲对明代银矿和国际贸易中白银输入输出做了研究，勾勒了探讨价格史所必需的货币背景。陈春声在兼顾清代货币史的同时，聚焦清代广东米价，率先运用计量分析方法研究价格史，并将视野拓展到乡村基层社会，将仓储体系及其运作的社会基础纳入考察。吴滔作为首席专家，联合黄国信、谢湜等成功申请到 2017 年度国家社科基金重大项目"明代价格研究与数据库建设"。项目希望在对明代价格史料的收集整理和数据库建设基础上，通过结合定量和定性两种方法，剖析财政折价与市场价格的产生场域、机制及联动关系，呈现财政与市场彼此嵌入的具体面貌，解析明代交易市场化扩大的政治经济机制和社会秩序依托。

三　历史人类学取向下的区域社会经济史

在梁方仲的指导下，叶显恩对明清徽州社会经济史的研究，是早期区域社会经济史的典范。20 世纪 80 年代中期以后，陈春声、刘志伟一方面参与明清广东区域社会经济史项目，另一方面与国内外学者合作开展华南传统乡村社会史研究。在华南传统乡村社会史研究中形成的历史人类学方法论，为考察嵌入多层次、彼此重叠的社会秩序网络中的经济提供了可能。

（一）华南研究

刘志伟对珠江三角洲、陈春声对韩江流域的研究是第一代华南研究的代表性成果。刘志伟通过考察珠江三角洲地区的"民田－沙田"空间格局和聚落形态，揭示了这一经济空间格局背后，体现的是一种复杂的文化权力结构，强调其是经由明初国家制度的推行、正统末年的黄萧养之乱和乱后的秩序重建、明中叶士大夫和礼仪秩序的兴起、明末清初的动荡和清中叶的粮户归宗等历史过程形成的。陈春声对韩江流域的研究超越了朝廷视角的治乱叙事，将韩江流域地方社会 16 世纪以降四百年的动乱、聚落形态变化与社会转型视作一个连续的过程，探讨王朝重大政治事件演进中乡村社会内部的组织结构、族群认同的变化。他对信仰形态的发展演变与地域社会历史变迁过程之间关系的探讨为理解经济过程背后的文化网络提供了支撑。

（二）走出华南

随着新师资力量的加入，中山大学历史系区域社会经济史研究已经走出华南，在江南、南岭山地、西江流域、西南地区等开拓了新研究空间；而通过学生培养，更是涉足更为广阔的区域和议题。

吴滔、谢湜结合历史地理学和历史人类学视角，重新审视了江南经济史，力图反思以往学者以"经济理性""社会分工"等西方语境为逻辑起点的传统研究，并以南岭山地为对象开展历史经济地理研究。吴滔分析了市镇在乡村聚落中兴起的机制以及市镇区划空间形塑的过程，主张在重视市镇商业机能之外，更多地发掘与市镇形成相关的复杂的制度变化，以及贡赋经济下的社会运作机制。谢湜采用了"剖面分析→时段考察→结构研究"的论证体系，分析宋、元、明时期太湖流域的自然环境变化机制、官方的治理机制及市场机制如何从不协调走向协调、促使区域发生结构性变迁的过程，并对明代中叶商业市镇兴起的社会机制等重要问题提出了有说服力的解释，受到学界高度评价。

张应强通过对清水江流域的木材采运贸易的剖析，透视了通过一个区域市场网络的发展，传统中国的国家力量与相应区域的地方社会发生了怎样的互动。任建敏则对南宋市马的货物流动与长程贸易做了探索。

此外，在区域社会经济史视角下，邓永飞、李镇、宋永志、康欣平、徐爽、陈玥、毛帅、武堂伦等对土地开发、水利、城乡聚落、矿场社会的研究，焦鹏、田宓、李贝贝、曾旭对商业与贸易的研究，郭广辉对市镇的研究，马木池对商会的研究都取得了显著成就。

（三）超越陆地，迈向海洋

如果说前述区域社会经济史研究所针对的主要还是以陆地为主要生活、生产场域的定居农耕人群的历史，那么近年来杨培娜和谢湜就将目光投向海洋，从人海交涉角度考察在王朝规制、海洋人群生计模式、全球网络共同作用下的中国东南海洋历史。

杨培娜从滨海生计与王朝秩序互动视角考察明清闽粤沿海地方社会变迁，近几年，她以海洋人群的流动性管理为核心，通过探讨渔民户籍、渔船编管、渔业课税，揭示了明清国家在海洋秩序建构和濒海社会形塑过程中的不同面向。谢湜与吴滔、杨培娜等合作开展东南海岛社会调查，提出"东南岛链"概念，指出从长三角地区到北部湾的一系列岛屿在方言、习俗等方面呈现出超越地域的连续性，从东南海岛的历史出发分析了海疆治理政策的形成与演变机制。

海盐是王朝国家向海洋索取的主要物产之一，在黄国信所带领的盐史研究团队对东南盐场社会史的研究中，吴滔、李晓龙、段雪玉、赖彩虹、叶锦花、徐靖捷对两淮、两浙、福建、广东滨海盐场生计模式和海陆环境的考察展示了人海交涉的复杂性。

中山大学历史系的东南海洋研究在时间上不断向前后延伸，空间上也向越南等外国拓展。王承文的《唐代环南海开发与地域社会变迁研究》不但将海洋史视角运用于早期地域社会经济史研究，更超越国别，将安南纳入考察范围，揭示了岭南地区行用金银独特传统的历史脉络。

四　中外互动与近代经济转型

晚明大航海时代后，日本、美洲白银大量流入中国，中国的丝绸、瓷器、茶叶等大量出口，传统贡赋经济体系被拉进世界市场。随着世界市场这一外部因素的加入，传统贡赋经济的运作机制发生着缓慢的变化。晚清以降，这种变革加速，无论在财政税收还是城乡社会经济上都呈现出新旧交错的状态。从长期视角观察中国与世界经济体系互动，并在此背景下考察近代经济转型是中山大学历史系经济史研究的重要面相。

（一）中西贸易与海关史研究

中西贸易互动在中国经济体系变迁中具有格外重要的位置。

中山大学历史系中西贸易史研究传统深厚，在澳门史与中葡关系史研究，广州口岸史、广东十三行研究，早期中西关系史及海关史研究等领域成果颇为丰硕。21世纪以来，中山大学历史系青年学者沿着前辈学者建立的中西贸易研究的学术传统，从经济、社会、文化等多角度研究广州口岸史和广东十三行史，涌现了一系列优秀的研究成果。

2011年加盟中山大学历史系的范岱克是目前国际学术界在广州贸易史研究领域的顶尖学者，他充分挖掘多国商业和外交档案，运用多语种文献和文物资料，以"眼光向下"的研究视角深入考察全球化贸易背景下广州贸易体制的运作模式及其重要意义、广州和澳门的商业势力及其兴衰变迁等。

目前中山大学中西贸易史研究团队共有滨下武志、李爱丽、侯彦伯、肖代龙四人，形成跨老、中、青三代的研究梯队。滨下武志树立了利用海关资料从宏观视野探讨近代中国经济架构的研究典范。李爱丽专注近代海关人物与海关制度的研究，其中又尤为关注美籍税务司群体的相关问题，出版有《晚清美籍税务司研究：以粤海关为中心》一书，并于近年主编了《海关洋员传记丛书》。侯彦伯主要从周边海关探讨中外关系以及晚清中央与地方关系，近年也开展海关制度、珠江与西江的海关与贸易等研究，并获教育部青年项目"晚清华南贸易格局变迁与西江对外开放通商研究"。肖代龙则聚焦近代海关资料体系的研究。

（二）近代（民国）经济史

柯伟明从微观和宏观两个层面探讨了20世纪上半叶税收制度的变迁，取得了骄人成绩。在微观层面，注重研究盐税、厘金、营业税、统税的制度演变和实施过程中各种利益主体之间复杂的互动关系，揭示了近代中国各种税收的特点、动力和制约因素。

在宏观层面，探讨近代中国税制的转型，重点研究税收管理体制、征税制度、税制结构、征纳关系、涉外税制等方面的嬗变。已毕业的研究生钟莉也从传统的延续与变革角度，以四川南部县为例讨论了晚清"州县财政"近代化的启动过程。杜丽红的近代中国城市社会经济研究、菅野智博的近代中国东北的农村社会经济研究也都取得了优秀的成绩。

五　近五年主办的论坛、高层次会议、国际学术交流论坛

民间文献学的理论与实践：清水江文书（锦屏文书）与地方社会国际学术研讨会暨贵州省第二届"汲古黔谭"论坛（2015，贵州锦屏）

"漕运史视角下的江南"工作坊（2015，扬州）

"首届岭南历史文化研究年会"（2015，广州）

"纪念岑仲勉先生诞辰130周年国际学术研讨会"（2016，广州）

"伊斯兰与西北回民社会"国际学术研讨会（2016，香港）

"十至十三世纪中国史"国际学术研讨会暨中国宋史研究会第十七届年会（2016，广州）

"明清帝国的形成：区域历史脉络中的卫所制度"学术研讨会（2016，香港）

"中国社会史学会年会"（2016，湖北宜昌）

"粤海关与海上丝绸之路"学术研讨会（2016，广州）

"纪念哈佛东亚研究丛刊暨梁方仲先生一条鞭法英文本出版60周年"国际学术研讨会（2016，上海）

"明清中国的物资控制与国家运作"学术研讨会（2016，广州）

"明清江南社会经济史基本问题"学术研讨会（2017，珠海）

"海上丝绸之路"与南中国海历史文化学术研讨会（2017，珠海）

"文献与阐释：广州口岸史研究的拓展与深化"（2017，广州）

"纪念戴裔煊先生诞辰 110 周年国际学术研讨会"（2018，广州）

"近代中国财税史"青年学者论坛（2018，广州）

"中国历史上的社会治理"青年学者论坛（2018，广州）

"纪念梁方仲教授诞辰 110 周年"国际学术研讨会（2018，广州）

"经济史研究"青年学者高峰论坛（2018，广州）

"民族史研究"青年学者高峰论坛（2018，广州）

"明清以来都市与地方行政"青年学者工作坊（2018，广州）

"广州的世界性：历史的视角"工作坊（2019 年，广州）

"海洋与中国研究"国际学术研讨会（2019，厦门）

"民国时期少数民族历史文化的主位书写"学术研讨会（2019，广州）

"首届客家学论坛"（2019，广州）

"丝绸之路钱币的概念与范畴"学术研讨会（2019，广州）

"书谱石刻：中古到近世华南与西域研究的对话"学术工作坊（2019，北京、内蒙古）

中国世界中世纪史学会 2019 年学术年会（2019，广州）

广州口岸史译丛文献翻译论坛（2019，广州）

"侨批文献整理、数据库建设与南粤古驿道研究"学术工作坊（2019，广州）

"满语与清史研究工作坊"会议（2019，珠海）

中国史学会会员单位负责人联席会议（2019，广州）

第六届全国青年史学工作者会议（2019，珠海）

"明清盐法的基本问题"学术会议（2019，珠海）

六　近五年高水平科研成果、课题、获奖情况

（一）古代经济史论文

赵思渊、刘志伟：《明清经济史中的赋税与地权市场》，收于臧知非、周国林等《唯物史观视阈下的中国古代土地制度变迁》，《中国社会科学》2020 年第 1 期。

刘志伟：《〈剑桥中国经济史·古代到 19 世纪〉之我见》，收于李伯重等《经济史的写法——读〈剑桥中国经济史〉（笔谈）》，《首都师范大学学报》（社会科学版）2019 年第 6 期。

刘志伟：《贡赋经济体制研究专栏解说》，《中山大学学报》（社会科学版）2019 年第 4 期。

刘志伟：《改革开放四十年明清社会经济史研究的路径与方向》，收于沈长云等《近四十年中国古史断代研究的回顾与反思》，《文史哲》2019 年第 5 期。

刘志伟：《沿着前辈开辟的中国经济史研究路径前行》，载魏明孔、戴建兵主编《中国经济史评论》2017 年第 1 期，社会科学文献出版社，2017。

刘志伟：《超越江南一隅："江南核心性"与全球史视野的有机整合》，《探索与争鸣》2016 年第 4 期。

黄国信：《清代食盐贸易制度市场化倾向及其因缘》，《盐业史研究》2019 年第 3 期。

黄国信：《从清代食盐贸易中的官商关系看传统市场形成机制》，《扬州大学学报》（人文社会科学版）2018 年第 1 期。

黄国信：《清代食盐专卖制度的市场化倾向》，《史学月刊》

2017 年第 4 期。

黄国信：《清代盐政的市场化倾向——兼论数据史料的文本解读》，《中国经济史研究》2017 年第 4 期。

黄国信：《清代私盐市场的形成——以嘉道年间湖南南部私盐贸易为例》，《河南大学学报》（社会科学版）2016 年第 4 期。

阮宝玉、吴滔：《明清漕粮运输方式推行中的区域差异——以州县水次仓为视角》，《中国历史地理论丛》2016 年第 3 期。

温春来：《矿业、移民与商业：清前期云南东川府社会变迁》，载《区域史研究》2019 年第 2 辑，社会科学文献出版社，2020。

温春来：《清代贵州铅矿业中的"放本收铅"》，《历史档案》2016 年第 2 期。

温春来：《清代矿业中的"子厂"》，《学术研究》2017 年第 4 期。

温春来、李贝贝：《清初云南铜矿业的兴起》，《暨南学报》（哲学社会科学版）2018 年第 2 期。

吴滔：《明代浦东荡地归属与盐场管理之争》，《经济社会史评论》2016 年第 4 期。

吴滔：《回归"前乡镇志"时代：明清市镇历史的知识考古》，《探索与争鸣》2019 年第 2 期。

吴滔、于思莹：《明末清初江南的棉布交易机制与银钱使用——以松江府为中心》，《学术研究》2016 年第 5 期。

张叶、吴滔：《从淮仓到淮库：漕粮加耗折银与明代财政》，《史林》2017 年第 4 期。

谢湜：《风车与纺车：15～17 世纪莱茵河三角洲、长江三角洲开发中的人地关系与技术选择》，载李庆新主编《海洋史研究》第 13 辑，社会科学文献出版社，2019。

谢湜：《清代前期南中国乡村社会的再结构》，《北京大学学报》（哲学社会科学版）2018 年第 5 期。

谢湜、欧阳琳浩：《民国时期汕头城市商业地理的初步分析——以侨批业为中心》，《近代史研究》2019 年第 3 期。

Xie, S., "Water management, Transport, and the Development of Market Towns in the Lake Tai Region, Eleventh-sixteenth Centuries," *Global Environment: A Journal of Transdisciplinary History* 9 (2016): pp. 36 – 57.

杨培娜：《从"籍民入所"到"以舟系人"：明清华南沿海渔民管理机制的演变》，《历史研究》2019 年第 3 期。

杨培娜：《濒海利益之争与明清鼎革中的粤东沿海战局》，载上海中国航海博物馆主办《国家航海》第 14 辑，上海古籍出版社，2016。

李晓龙：《新瓶旧酒：民初长芦盐业自由贸易改革与新包商的出现》，《近代史研究》2017 年第 6 期。

任建敏：《元末广西的财政能力与钞法流通》，《中国社会经济史研究》2017 年第 4 期。

任建敏：《南宋广西市马的货物流动与长程贸易》，《"中研院"历史语言研究所集刊》第 87 本第 3 分，2016。

盛承：《从王府庄田到更名田：明清州县赋税演变新探——基于黄陂县的分析》，《中国社会经济史研究》2016 年第 3 期。

黄凯凯：《清代巴县的食盐贸易与盐法变迁》，《四川师范大学学报》（社会科学版）2017 年第 4 期。

郭广辉：《清代成都平原的场镇及其社区——以简州镇子场为例》，《四川师范大学学报》（社会科学版）2019 年第 3 期。

曾旭：《道院与财委会：民国时期武夷山的寺产、茶产纠纷》，《民俗研究》2018 年第 5 期。

顾书娟：《清代广州十三行贸易与广绣发展关系研究》，《学术研究》2018 年第 2 期；

韩燕仪：《从"专商引岸"到"一例通销"——康熙年间衡永宝三府食盐运销制度的变革》，《盐业史研究》2018 年第 1 期。

韩燕仪：《清代盐价制定中的地方干预——以康熙年间衡、永、宝三府为中心的考察》，《中国经济史研究》2019 年第 2 期。

刘建莉：《试论清初云南盐政制度的演变》，《盐业史研究》2018 年第 2 期。

金子灵：《明代中前期京通地区漕运脚费初探》，《学术研究》2017 年第 5 期。

武堂伦：《边疆矿业的政治学：地方首领，华人矿工与侬文云动乱的起源（1833 – 1835）》（Chính trị của khai mỏ vùng biên：Thủ lĩnh địa phương，phu mỏ người Hoa và nguồn gốc của cuộc khởi nghĩa Nông Văn Vân 1833 – 1835），《越南历史研究》（Nghiên cứu Lịch sử），2018 年 8 月。

郑壹教：《隆兴北伐时期物价变动研究》（《隆興北伐時期物價變動研究》），《中央史论》（중앙사론）第 44 辑，2016 年 12 月。

郑壹教：《南宋时期财政与军费比较研究》（南宋時期財政과軍費比重研究），《东洋史学研究》（동양사학연구）第 136 辑，2016 年 9 月。

蔡群：《战时统制经济与政商冲突——以 20 世纪 30 年代湖南省锑业为中心》，《史林》2019 年第 6 期。

张程娟：《争夺运河之利：明代瓜洲闸坝兴替与漕运制度改革》，《中国历史地理论丛》2018 年第 2 期。

钟莉：《清末盐斤加价与官商博弈——以四川南部县为中心》，《盐业史研究》2018 年第 4 期。

赖彩虹：《亦墒亦商亦私——清末民国广东乌石盐场的私盐

及运作》，《盐业史研究》2019 年第 4 期。

李幸：《破旧与立新——叶淇变法诘难背后的明代盐业经济》，《盐业史研究》2019 年第 1 期。

张楠林：《明清时期黔西南的"土流并治"与赋役征收》，《中国边疆史地研究》2019 年第 1 期。

（二）近代经济史论文

吴义雄：《国史、国际关系史与全球史：晚清时期中外关系史研究的三个视角》，《史学月刊》2017 年第 7 期。

吴义雄：《海外文献与清代中叶的中西关系史研究——英国东印度公司广州商馆中文档案之价值》，《广东社会科学》2018 年第 3 期。

吴义雄：《国际战争、商业秩序与"通夷"事件——通事阿耀案的透视》，《史学月刊》2018 年第 3 期。

杜丽红：《近代中国地方卫生行政的诞生：以营口为中心的考察》，《近代史研究》2019 年第 4 期。

柯伟明：《民国时期税收制度的嬗变》，《中国社会科学》2019 年第 11 期。

柯伟明：《行业与税政：南京国民政府前期火柴税征收及其纷争》，《民国档案》2019 年第 4 期。

柯伟明：《1936—1937 年广东币制改革的券币比率之争》，《近代史研究》2017 年第 6 期。

柯伟明：《引进与调适：近代中国营业税之课税标准及其争议》，《中国经济史研究》2018 年第 2 期。

柯伟明：《民国时期特种营业税的征收及其影响》，《中山大学学报》（社会科学版）2017 第 3 期。

（三）中外关系史论文

滨下武志：《海洋から见た『混一疆理歴代国都之図』の歴史的特征——龍谷大学蔵『混一疆理歴代国都之図』が示す時代像》，载李庆新主编《海洋史研究》第 10 辑，社会科学文献出版社，2017。

Van Dyke, P. A. , "The Hume Scroll of 1772 and the Faces behind the Canton Factories," *Review of Culture*, International Edition No. 54（2017）: pp. 64 – 102.

范岱克：《广州贸易中的模糊面孔：摩尔人，希腊人，亚美尼亚人，巴斯人，犹太人和东南亚人》，载李庆新主编《海洋史研究》第 10 辑，社会科学文献出版社，2017。

Van Dyke, P. A. , "The Canton Linguists in the 1730s: Managers of the Margins of Trade," *Journal of the Royal Asiatic Society Hong Kong Branch* 57（2017）: pp. 7 – 35.

万翔、林英：《公元 1～4 世纪丝绸之路的贸易模式：以贵霜史料与钱币为中心》，载李庆新主编《海洋史研究》第 13 辑，社会科学文献出版社，2019。

Han, X. F. , Lin, Y. , "Daqin Lamp-Trade of Indian Ocean in Late Antiquity," *World History Studies* 5（2018）: pp. 28 – 56.

江滢河：《明清时期西洋钟表的传播》，《光明日报》2019 年 7 月 15 日，第 14 版。

Huang, C. , Van Dyke, P. A. , "Hoppo Tang Ying 唐英（1750 – 1751）and the Development of the Guangdong Maritime Customs," *Journal of Asian History* 51（2017）: pp. 223 – 256.

黄超：《清代广州地区的镍白铜及相关研究》，《科学技术哲学研究》2017 年第 5 期。

黄超：《乾隆年间粤海关监督唐英研究——以新发现的中西史料为中心》，载李庆新主编《海洋史研究》第 11 辑，社会科学文献出版社，2017。

侯彦伯：《从财政透明化评价清末海关兼管常关》，《中山大学学报》（社会科学版）2018 年第 3 期。

侯彦伯：《从中国海关接管粤海常关论晚清海关二元体制的主要原则（1902～1903）》，上海中国航海博物馆主办《国家航海》第 23 辑，上海古籍出版社，2019。

江滢河：《奥斯坦德公司对华贸易初探》，载李向玉、刘泽生主编《港澳研究：〈澳门理工学报〉专栏文萃（2011～2013）》，社会科学文献出版社，2018。

（四）出版专著

陈春声：《市场机制与社会变迁：18 世纪广东米价分析》（增订版），北京师范大学出版社，2020。

刘志伟：《溪畔灯微：社会经济史研究杂谈》，北京师范大学出版社，2020。

刘志伟：《贡赋体制与市场：明清社会经济史论稿》，中华书局，2019。

刘志伟、孙歌：《在历史中寻找中国：关于区域史研究认识论的对话》，东方出版中心，2016。

黄国信：《国家与市场：明清食盐贸易研究》，中华书局，2019。

黄国信：《市场如何形成：从清代食盐走私的经验事实出发》，北京师范大学出版社，2017。

温春来：《从"异域"到"旧疆"：宋至清贵州西北部地区的制度、开发与认同》（修订再版），社会科学文献出版社，2019。

温春来：《身份、国家与记忆：西南经验》（修订再版），北京师范大学出版社，2019。

王承文：《唐代环南海开发与地域社会变迁研究》，中华书局，2018。

邹逸麟、吴滔主编：《中国运河志·城镇卷》，江苏凤凰科学技术出版社，2019。

谢湜：《高乡与低乡：11－16世纪江南区域历史地理研究》，生活·读书·新知三联书店，2015。

任建敏：《明代广东寺观田产研究》，中山大学出版社，2019。

柯伟明：《民国时期营业税制度的变迁》，社会科学文献出版社，2020。

Van Dyke，P. A.，Schopp，S. E.（eds.），*The Private Side of the Canton Trade*，1700－1840：*Beyond the Companies*，Hong Kong University Press，2018.

范岱克：《广州贸易：中国沿海的生活与事业（1700－1845）》，江滢河、黄超译，社会科学文献出版社，2018。

江滢河主编《广州与海洋文明Ⅱ》，中西书局，2018。

中共广州市委宣传部编《中国广州：海上丝绸之路发祥地》，广东人民出版社，2017。

王玛莉：《华丽逸事：哈丽特·洛笔下的澳门》，周湘、廖伟杰译，澳门特别行政区政府文化局，2019。

（五）课题情况

2017年度国家社会科学基金重大项目"明代价格研究与数据库建设"（负责人：吴滔）。

2016年教育部哲学社会科学研究重大课题攻关项目"古代环南海开发与地域社会变迁研究"（负责人：王承文）

2016年教育部人文社会科学重点研究基地重大项目"清王朝

的物资控制、国家运作与地域社会"（负责人：黄国信）

2019 年国家社科基金项目"近 600 年冀南水环境与灌溉水利变迁研究"（负责人：潘明涛）

2018 年国家社科基金后期资助项目"明代桂东北地区的国家治理与社会变迁"（负责人：任建敏）。

2018 年国家社科基金青年项目"籍册文书与宋代赋税征收管理制度研究"（负责人：周曲洋）

2016 年国家社科基金年度项目"拜占庭金币仿制品与早期拜占庭奢侈品经济研究"（负责人：林英）

2016 年国家社科基金青年项目"民国时期营业税制度研究"（负责人：柯伟明）

2017 年教育部人文社会科学青年基金项目"19—20 世纪镍白铜在美洲的传播和影响研究"（负责人：黄超）

2018 年教育部人文社会科学青年基金项目"晚清华南贸易格局变迁与西江对外开放通商研究"（负责人：侯彦伯）

2018 年教育部人文社会科学青年基金项目"16—18 世纪冀南水利开发与社会变迁研究"（负责人：潘明涛）

（六）获奖情况

谢湜的《高乡与低乡：11—16 世纪江南区域历史地理研究》先后获得"教育部第八届高等学校科学研究优秀成果二等奖"、"广东省哲学社会科学优秀成果一等奖"、首届"新史学青年著作奖"等奖项。

厦门大学专门史（中国经济史）学的发展

厦门大学历史系　厦门大学历史研究所

厦门大学专门史（中国经济史）学科是国家教委确定的国家重点学科之一，也是全国首批博士专业学位授权点，经过几代学者的艰难探索，通过多学科的交叉渗透，现已发展为涵盖中国史一级学科下专门史、中国古代史、中国近现代史、历史文献学、历史地理学、海洋史学、闽台区域研究等研究方向的教学与科研实体，形成了社会史与经济史紧密结合、带有鲜明特色的中国经济史研究风格。

一　厦门大学历史系专门史（中国经济史）学科的历史沿革

厦门大学专门史（中国经济史）学科具有长期的学术积累和良好的学术传统，已故著名历史学家、中国社会经济史的奠基人之一傅衣凌（原名傅家麟）先生是学科的创始人。傅先生毕业于厦门大学历史系，后东渡日本留学，改读社会学，1937 年回国后，从事中国农村经济史的研究。他充分吸收传统学术和日本史学、西方社会学、经济学、民俗学的长处，提出具有中国特色的社会经济史研究方法，即在搜集研究史料时，除正史、官书之外，应注重民间记录的搜集，以民间文献证史；应广泛地利用其他学科尤其是人文社会科学各学科的理论、知识和研究方法进行社会调查，把活材料和死文字结合起来，以民俗乡例证史，以实物碑刻证史，注意地域性的细部研究和比较研究，从特殊的社会经济生活现象中寻找中国经济发展的规律。在傅衣凌先生的倡导和引领下，厦门大学中国经济史学科成为国内经济史学科较早发展起来的一个园地。

（一）20 世纪 70～80 年代

早在 1962 年，厦门大学历史系即设立了中国经济史研究室，这是全国大学历史系中第一个专门以中国经济史为对象的研究室。1978 年，经教育部批准，厦门大学历史系从当时各教研室分出部分人员，在之前成立的厦门大学历史系中国经济史研究室的基础上，组建厦门大学历史研究所。1981 年，厦门大学中国经济史获全国首批博士学位授予权，傅衣凌、韩国磐、杨国桢、陈支平、孔永松、郑学檬等教授担任博士生导师，形成了以下几个重点研究方向。（1）魏晋至五代经济史与断代史研究方向，以韩国磐教授为学术带头人。（2）明清社会经济史与断代史研究方向，以傅衣凌、杨国桢教授为学术带头人。注重区域研究、微观研究以及比较研究，进而探讨关系全局、影响深远的重大历史问题；充分利用方志、族谱、契约、账籍、碑刻等民间文献和地方习俗等口碑资料，积极吸收相关社会科学的研究方法，从而形成自身的研究特色。相关研究成果不仅在国内具有开拓意义，同时在日、美等国的中国学界亦有较大影响。（3）中国近代经济史、海关史研究方向，以陈诗启教授为学术带头人。以中国近代海关业务为核心，进行中国近代经济史、财政史、航务交通、洋务运动、邮政史、行政管理史、外交史等领域的研究。（4）中国现代经济史研究方向，以孔永松教授为学术带头人，以革命根据地和解放区经济史为重点，完成了一批出色的研究成果。1982 年，厦门大学历史研究所创办《中国社会经济史研究》杂志，这是当时全国唯一的、面向国内外公开发行的社会经济史学术季刊。它以刊登中国社会经济史理论研究和专题研究论文为主，也发表一些罕见的或新发现的史料和调查报告、中外史学界动态及书评，每年均用一定版面刊载外国学者的来稿，杂志着力于剖析中国历史上的经济发展状况和经济制度演变，反映社会经济史学界的新成果，并富有区域专题研究特色。1985 年，厦门大学中国海关史研究中心成立，该中心是当时国内唯一的中国海关史专门研究机构。研究中心努力开拓中国海关史研究领域，填补学术空白，同时利用海关档案从事中外经济关系史、区域社会经济史、中国财政史、商业史、城市史和海外华侨华人史等多种研究。

研究队伍构成方面，至 1987 年，厦门大学专门史（中国经济史）学科研究队伍共有 37 人，其中教授 5 人（傅衣凌先生、朝国磐先生、杨国桢先生 3 人为博士生导师），副教授 13 人，讲师、助理研究员 11 人，助教 8 人。人员来自历史系的中国古代史教研室和中国近现代史教研室，历史研究所的中国经济史教研室和台湾研究所的台湾史研究室。主要学术带头人为傅衣凌先生和韩国磐先生。

科研成果方面，自 1981 年起，学科在国外学术刊物或国内一级刊物上共发表论文 27 篇，在高校学报、省级刊物上发表论文 360 篇。这一时期，厦门大学专门史（中国经济史）学科涌现出一大批优秀研究成果，在学术界形成较大的影响。魏晋至五代经济史与断代史研究方向，韩国磐先生的《北朝经济试探》《南朝经济试探》《北朝隋唐均田制度》《魏晋南北朝史纲》是有影响力的专著。明清社会经济史与断代史研究方向，傅衣凌先生的《明清社会经济变迁论》《明清时代商人及商业资本 明代江南市民经济试探》《明清农村社会经济》等研究成果，在国内均具有开拓意义，在日、美等国中国学界亦有较大影响，傅先生倡导的区域社会经济史研究是本学科发展的前沿，也成为中国资本主义萌芽研究领域的一个学派。中国近代经济史、海关史研究方向，陈诗启先生的《中国近代海关史问题初探》填补了国内外该领域系统研究的空白。中国现代经济史研究方向，孔永松先生的《中国共产党土地政策演变史》《闽西革命根据地的经济建设》等，均为该领域出色的研究成果。

学术交流方面，自1981年起，和相关单位联合主办福建省郑成功研究学术讨论会，敦煌吐鲁番学、唐史研究与教学座谈会，"台湾之将来"学术讨论会，郑成功研究国际学术讨论会等。共接受来自美国、日本、英国、法国、加拿大、澳大利亚、德国、意大利、瑞士、荷兰、新加坡、苏联（俄罗斯）等国家和香港地区的访问学者、合作科研或进修学者44人，接受国内进修生14人。出席国际学术会议14人次，出国讲学7人次。

人才培养方面，建立本科生基础教育、硕士、博士研究生三个层次的教学体制。在历史系本科三、四年级设置中国经济史和中国史两个专门组选修课程。主要课程设置有：汉唐经济史、宋元明清经济史、中国近代经济史、中国现代经济史、中国古代土地制度史、中国近现代土地制度史、中国古代商业史、中国古代财政史、中国手工业史、中国海关史、中国现代农村经济史、江南地区经济史、福建经济史、中国古代经济思想史、中国近现代经济思想史、西方经济思想史、西欧封建社会经济史、世界近现代经济史、英国工业革命史、中国古代民俗史、中国历史自然地理、福建历史地理、中国古代经济文选、马列经济著作选读等。硕士生的学位课有：史学方法论、中国古代目录学、中国古代经济史、魏晋至五代史专题研究、明清史专题研究、中国古代区域经济史专题研究、中国半殖民地半封建社会经济问题、中国近代国际贸易条约、中国近现代经济史、中国近现代土地制度史、台湾社会史、台湾经济史、台湾历史著作选读等。硕士生非学位课有：中国古代土地与赋役制度史专题、隋唐经济或文化专题、明清经济史、明清经济地理、明清历史名著研究、中国古代经济史专题、中国近代海关史专题、中国近代买办阶级、中国新民主主义经济史、革命根据地经济史、中国近现代经济思想史、清代台湾史档案的整理与研究等。博士生的学位课有：史学方法论、中国古代史研究、明清史或明清经济史专题；非学位课有：世界历史名著选读、中国目录学等。1981～1987 年，共招收博士生研究生 14 人，硕士生研究生 47 人，研究生班 10 人，合计 71 人。研究生在校期间在国外刊物或国内一级刊物上发表论文 7 篇。

（二）20 世纪 80 年代末至 90 年代

20 世纪 80 年代末至 90 年代，厦门大学专门史（中国经济史）的学科建设与学术梯队建设均取得显著成效。就学科建设而言，20 世纪 80 年代形成的研究方向进一步发展成熟：在魏晋隋唐及五代经济研究方向，进一步开辟五代十国史研究和区域经济研究，均田制研究以及唐代财政史研究；明清社会经济史与断代史研究方向，深化发展出明清土地契约文书研究和海洋社会经济史研究，明清家族制度史研究，清代赋役制度研究等；在中国近代经济史方向，中国近代海关史及财政史研究和资料整理也取得长足发展。以学术梯队建设而言，一批中青年学者迅速成长，以郑学檬、杨际平、陈明光、杨国桢、陈支平、郑振满、王日根、戴一峰等为代表，取得了备受学界注意的成果。

这一时期代表性的成果有傅衣凌先生的著作汇编《傅衣凌治史五十年文编》，韩国磐先生的《南北朝经济史略》《唐代社会经济诸问题》，郑学檬教授的《中国古代经济重心南移和唐宋江南经济研究》《五代十国史研究》《简明中国经济通史》，杨际平教授的《均田制新探：敦煌吐鲁番出土文书研究》《五－十世纪敦煌的家庭与家族关系》，陈明光教授的《唐代财政史新编》《六朝财政史》，杨国桢、陈支平教授合著的《明史新编》，杨国桢教授的《明清土地契约文书研究》《闽在海中：追寻福建海洋发展史》《海洋与中国丛书》（主编），陈支平教授的《清代赋役制度演变新探》《福建族谱》《近 500 年来福建的家族社会与文化》，郑振满教授的《明清福建家族组织与社会变迁》《福建宗教碑铭汇编：兴化府分册》（主编），戴一峰教授的《近代中国海关与中国财政》《厦门海关历史档案选编（1911—1949）》，王日根教授的《乡土之链：明清会馆与社会变迁》，张侃教授的《中央苏区财政经济史》等。此外，由郑学檬教授主编、厦门大学专门史（中国经济史）学科数位专家集体撰写的《中国赋役制度史》也受到了史学界的好评。陈支平教授被原国家教委列入首批中国人文社会科学跨世纪优秀人才，主持跨世纪人才研究项目"福建社会文化史研究"。

人才培养方面，20 世纪 90 年代以来，厦门大学历史系以专门史（中国经济史）学科为主要依托，陆续建设中国史一级学科博士专业学位授权点、中国史博士后流动站、国家历史学人才培养和科学研究基地，形成本、硕、博及博士后的完整人才培养体系。为国家输送了不少具有较高素质的经济史专门人才，有的毕业生甚至成长为所在研究领域的学术权威，其观点与成果受到本学科的广泛关注。

学术交流方面，与有关单位联合主办了 12 次大型学术讨论会；接受美、日、英、法、德等 13 个国家和地区的访问学者、合作研究或进修人员 140 人；接受国内进修生 29 人；出席国际学术会议 54 人次，出国讲学访问 8 人次。

（三）2000 年至今

进入 21 世纪，厦门大学的专门史（中国经济学）学科，沿着傅衣凌、韩国磐等先生开创的"中国社会经济史学派"研究路径，研究视角自下而上，重视制度史的实践考察，大力发掘民间历史文献，开拓中国海洋史研究领域；立足边缘，思考主流；立足中国，面向世界。一方面继承和发扬极具特色的中国社会经济史研究传统，另一方面也积极跟进学术前沿，不断拓展研究领域和创新研究方法，有效保持了学科发展活力。

研究领域的拓展方面，自 20 世纪 90 年代初开始，在杨国桢教授的倡导和引领下，厦门大学致力于开拓中国海洋社会经济史和中国海洋史学研究新领域；陈支平教授致力于闽台区域社会经济文化史研究，同时注重运用民间文书考察明清以来的社会经济史；郑振满教授在明清家族组织与乡族地主经济研究的基础上，致力于挖掘和建立民间历史文献系统，从文献形成和演变的历史脉络重新发现其历史意义和时代特征，以深入思考区域社会经济文化的变迁；王日根教授专注于中国社会史与中国海洋史研究；钞晓鸿教授致力于中国环境史研究领域的拓展；张侃教授聚焦中国外债史和苏区财政经济史研究；林枫教授以明清商业史研究著称。厦门大学历史系的专门史（中国经济史）学科也先后被列入学校 985 工程、2011 计划、"双一流"学科建设的重点建设学科。

学科梯队建设方面，厦门大学专门史（中国经济史）学科形成了有层次的学术梯队，优秀青年学者成长迅速，以刘永华、钞晓鸿、张侃、林枫、徐东升、李智君、毛蕾等为代表。还自武汉大学引进知名学者鲁西奇教授，引进南强青年拔尖 A 类人才 2 人，学科研究梯队建设进一步完善。历史系专门史（中国经济史）学科现共有师资 30 人，其中教授 11 人，副教授 13 人，助理教授 6 人。29 人拥有博士学位，有博士生导师 9 人。学科现有国务院学位委员会历史学科评议组成员 1 人，国家社科基金会议评审专家 2 人，教育部跨世纪人才 2 人，教育部新世纪人才 3 人，福建新世纪人才 3 人，厦门大学特聘教授 4 人和南强青年拔尖 A 类人才 2 人。多名教师兼任重要学术组织主要职务：陈支平（中国明史学会会长）、郑振满（中国社会史学会副会长）、钞晓鸿（中国环境科学学会环境史专业委员会会长）、林枫（中国商业史学会副会长）等。近年来更是通过聘请国外一流学者担任讲座教授、引进世界知名高校优秀博士与博士后、遴选青年教师赴海外知名高校进行访学的方式持续扩大国际影响力。中国史学科先后聘请宋怡明（哈佛大学东亚系教授、费正清研究中心主任）、丁荷生（新加坡国立大学中文系教授、主任）、朱德兰（台湾"中研院"人文社会科学研究中心研究员）、蔡志祥（香港中文大学历史系教授）等担任讲座教授，引进密歇根大学、东京大学等高校的青年博士、博士后，多数在职青年教师已赴哈佛大学、普林斯顿大学、加州大学洛杉矶分校、杜克大学、伊利诺伊大学、剑桥大学、新加坡国立大学、新加坡南洋理工大学等完成 1 年以上访学。

代表性研究成果方面，杨国桢继《海洋与中国丛书》之后主编《海洋中国与世界丛书》，两套书共计 20 册，约 400 万字；陈支平主编大型资料丛刊《台湾文献汇刊》（首辑 100 册），出版《民间文书与明清赋役制度史研究》《民间文书与台湾社会经济史》《民间文书与明清东南族商研究》等专著；郑振满主编《福建宗教碑铭汇编》（泉州府分册），出版《明清福建家族组织与社会变迁》、《乡族与国家——多元视野中的闽台传统社会》、*Ritual Alliances of the Putian Plain* 等专著；王日根出版《中国会馆史》《明清海疆政策与中国社会发展》《明清民间社会的秩序》等专著；杨际平出版《北朝隋唐均田制新探》；陈明光出版《汉唐财政史论》《中国古代的纳税与应役》（增订版）《寸薪集：陈明光中国古代史论集》《六朝经济》；徐东升出版《宋代手工业组织研究》《赋役制度史话》《唐宋科学技术与经济发展的关系研究》；毛蕾出版《唐代翰林学士》；钞晓鸿主编《海外中国水利史研究：日本学者论集》，出版专著《生态环境与明清社会经济》《明清史研究》；李智君出版专著《关山迢递：河陇历史文化地理研究》等。

学科平台建设方面，自20世纪90年代以来，陆续建立国家教委厦门大学文科文献信息中心、国家文科基础学科教学和科学研究基地、历史学博士后流动站，以及台湾研究中心、东南亚研究中心两个教育部人文社会科学重点研究基地。专门史（中国经济史）学科更是连续被评为全国重点学科（2002年和2007年），新增台湾研究、南洋研究、历史文献学等福建省重点学科。2006年4月，"厦门大学中国社会经济史研究中心"获福建省教育厅批准成立，成为福建省高等学校人文社会科学重点研究基地。2010年基地建设获得验收通过。2012年，在福建省高校人文社会科学研究优秀基地评选中，"厦门大学中国社会经济史研究中心"被评为优秀基地。此外，学科还设有"闽商研究中心""海洋文明与战略发展研究中心"等校级研究机构与研究平台。

人才培养方面，学科长期坚持"宽口径、厚基础、跟踪前沿、注重实践"的专业建设原则，致力于强化本科生和研究生在基础知识、理论研究、学术创新、国际交流、社会实践上的综合能力，构建中国特色的经济史人才培养体系。2013年启动历史学拔尖学生培养试验计划，该计划与大类培养政策有机结合，既保证本科生的历史学专业精深培养，又兼顾其基础知识宽厚，能力和素质协调，强调独立思考与创新精神等人文素养的养成，每年遴选20～25名学生，实施拔尖学生培养导师制、小班化、个性化、国际化培养。学科特色选修课程有：中国社会经济史、中国海关史、中国财政史、中国海洋史、中国古代经济思想史、中外海上交通史、中国人口发展史、近代中外经济关系史、中国城市史、中华苏维埃史、中国经济制度史、海外华人与侨乡等。研究生特色必修与选修课程有：中国经济史、空间与历史、社会文化史、秦汉史专题研究、魏晋隋唐史专题研究、宋元史专题研究、明清史专题研究、近现代史专题研究、海关史专题研究、海洋史专题研究、历史地理专题研究、区域史专题研究、民间历史文献学导论、经济财政史专题研究、环境史专题研究等。

二　厦门大学专门史（中国经济史）学科近五年学术动态

近五年来，厦门大学专门史（中国经济史）学科继承学术传统，同时积极追踪学术前沿，参与学科前沿对话，主要围绕环境史、民间历史文献、海洋史与海洋社会经济史、财政史等研究领域进行积极的学术交流，同时高密度举办各种学术会议、研讨会、工作坊等。

2018 年 7 月 13～20 日，举办"闽台地方文献数字化工作坊"。此次工作坊为期一周，共有五十余位海内外知名学者及学员出席。工作坊包含主题报告、专题授课和田野调查三个环节，旨在搭建该领域优秀学者、学员的交流与合作平台。通过工作坊，历史系及专门史学科吸收台湾学界的先进经验，利用新式数字工具，加强了海峡两岸学界的交流，共同促进了学科的发展。本次工作坊共为两个阶段：第一阶段集中授课，讨论和交流文献数字化的工作经验和计划，探讨数字化典藏与数字化研究的学术动态与技术发展；第二阶段在厦门海沧开展田野调查，工作坊很好地将集中授课和实地考察相结合，可以更好地将民间历史文献的收集、整理与数字化收藏、研究推向深入。

2018 年 11 月 2 ~ 4 日，举办"清代海疆政策与开发"学术研讨会。此次研讨会吸引了来自中国社会科学院、复旦大学、中山大学、浙江师范大学等二十余所高校及科研机构的 50 余位专家学者参会，共收到会议论文 36 篇。著名海洋史专家杨国桢教授做了大会主旨演讲。与会学者围绕清代海疆危机及其应对、清代海疆制度与海防政策、清代海疆的开发与管理、清代海洋贸易与经济发展、清代海洋移民与人文交流、清代航海技术与海洋观念等问题进行了深入交流和探讨。该次会议一方面为清代海疆历史地理研究提供了一个深入交流的平台，同时也在探讨的基础上进一步拓展了研究方向和研究空间，不仅对海疆史、海洋史、边疆史研究具有重要意义，对当下海疆管理、海权维护、"海上丝绸之路"建设也具有重要的借鉴意义。

2018 年 11 月 20 ~ 22 日，举办"历史上环境与社会经济的互动"学术研讨会。此次研讨会吸引了来自海内外的 80 余名学者参会，共收到参会论文 70 余篇。著名环境史专家唐纳德·沃斯特教授（中国人民大学）、王鸿濬教授（台湾东华大学）、夏明方教授（中国人民大学）、徐再荣研究员（中国社会科学院）、付成双教授（南开大学）、谢湜教授（中山大学）、卜风贤教授（陕西师范大学）、韩昭庆教授（复旦大学）、李玉尚教授（上海交通大学）、周琼教授（云南大学）做了大会主题报告。与会学者围绕环境史理论与方法、自然环境变化与社会、环境政策与环境认知、城市环境与卫生医疗、水资源环境与区域社会、资源生态与社会文化等议题，进行了 58 场小组报告和讨论。会议展现了近年来中国环境史研究的最新动态和取向，不仅强化了环境史这一主题，也展现了厦门大学专门史（中国经济史）学科的学术传统。

2019 年 1 月 5 ~ 6 日，举办"戴云山区及周边跨学科研究工作坊"。此次工作坊吸引了美国康奈尔大学、中国社会科学院、南京大学、复旦大学、同济大学、南方科技大学等国内外知名院校的建筑学、人类学和历史学的青年学者参与。工作坊的主题是搭建多学科交流与合作平台，对闽中戴云山及周边地区的地域社会、历史与建筑、建筑技术和形式、经济活动和宗族等问题进行了多学科、多角度的讨论，进行了新的跨学科研究尝试。

2019 年 3 月 19 日~4 月 1 日，与中山大学历史系联合主办"海洋与中国研究"国际学术研讨会。此次会议是国际海洋史研究的一次盛会，吸引了海内外近 200 名学者齐聚厦门大学，旨在总结中国海洋史研究经验，并就进一步深化该领域研究进行深度交流。此次研讨会分为大会演讲和分组报告与讨论两部分。大会演讲共有 6 场，36 位国内外知名学者就海洋史的理论方法、海洋中国制度框架变迁、中国海洋史学科体系、学术体系和话语体系创新等问题各抒己见。在分组报告与讨论环节，与会学者主要围绕"台湾海峡与海洋史""中国东南区域海洋社会经济史""南中国海贸与海防""东北亚海域与海洋史""海洋史学视野下的中国与东南亚""海洋生活与文化传播"6 个主题展开交流与讨论。值得一提的是，中国海洋史研究领域的开拓者杨国桢教授在研讨会上，为其编著的两套海洋与中国研究主题丛书举行了首发式，分别为"海洋与中国研究丛书"（26 册）和"中国海洋空间丛书"（4 册）。

2019 年是著名历史学家、厦门大学已故资深教授韩国磐先生诞辰 100 周年。韩国磐先生是厦门大学历史系魏晋南北朝史、隋唐五代史的学术带头人，所开创和建设的研究团队在学术界享有很高的声誉。韩国磐先生所著《魏晋南北朝史纲》（人民出版社，1983）、《隋唐五代史纲》（人民出版社 1961 年初版、1977 年重版）为部颁断代史教材，曾获原国家教委颁发的优秀教材奖，影响了一代又一代的青年学者，具有深远的意义。厦门大学历史系以纪念韩国磐先生百年诞辰为契机，举办了两次学术研讨会，开展了魏晋隋唐史相关研究的交流探讨，对韩国磐等老一辈史学家的学术理路和学术贡献进行回顾，探索和思考新时代学术创新与继承发扬中国史学优良传统的辩证关系，以推动中古史学术研究走向繁荣。厦门大学历史系于 2019 年 5 月 11 ~ 12 日，与《学术月刊》编辑部共同举办"历史与文明：3 ~ 10 世纪的中国学术研讨会——韩国磐先生百年纪念"活动，来自全国各大高校中古史研究领域的 50 余名知名学者齐聚一堂，以学术活动纪念韩国磐先生。大会上，吴丽娱、楼劲、刘海峰、张剑光等学者做了主题报告。2019 年 11 月 1 ~ 3 日，厦门大学历史系在本校举办了"纪念韩国磐先生诞辰 100 周年暨韩国磐史学研究"学术研讨会。此次研讨会主题为：继承和发扬中国史学优良传统——韩国磐先生及新中国五六十年代史学家的历史贡献、影响和地位；整体史观与魏晋隋唐断代史研究；魏晋隋唐史专题研究等。郑学檬、杜文玉、黄正建、郭锋、高明士、湛如等先生做了大会主题报告。与会学者围绕秦汉魏晋南北朝、唐宋的财政经济社会等领域的若干问题开展研讨，展现了当下中古史研究的前沿成果，并以此向韩先生致敬。

2019 年 6 月 13 ~ 17 日，厦门大学历史系与哈佛大学费正清中国研究中心联合主办了"永泰庄寨文书工作坊"。该次工作坊吸引了来自哈佛大学、多伦多大学、厦门大学、北京大学、中山大学、复旦大学的知名专家学者和研究生参与。在为期五天的活动中，工作坊成员深入福建省永泰县山区的偏远村落和庄寨开展田野调查，现场研读民间历史文献，展开有针对性的学科研究。此次工作坊是厦门大学历史系与哈佛大学费正清中国研究中心合作项目"中国地方史与民间文献数据库"的一部分。自 2009 年开始，厦门大学民间历史文献中心与哈佛大学费正清中国研究中心合作，将民间历史文献和田野调查资料进行数据化处理，通过大数据的方式，为研究者提供最基本的资料检索、分析功能，并在此基础上，通过专题数据库的建设，为相关专题研究的开展奠定基础。2016年以来，随着厦门大学历史系师生在永泰县田野工作中发现大量民间历史文献，该项目的开展进入一个新的阶段。此次工作坊也是历史系和专门史学科推进国际化交流与合作一项重要内容。

2019年9月21～22日，主办"第二届近代中国财税史青年学者论坛"。近代中国财税史研究是近代中国国家治理研究的重要组成部分，学科紧紧围绕自身学术传统，结合当下研究前沿，适时推出该项专题研究的青年论坛，并借此打造青年研究群体的合作与交流平台。此次论坛共有来自国内各高校、科研院所的20余名青年学者参加，围绕中国近代财政转型、税制改革、具体税种设置及实践、财税征收与区域地方社会变迁等问题展开了为期两天的热烈讨论。

2019年10月26日～31日，与浙江师范大学人文学院联合承办第三届闽浙赣区域史研究工作坊。闽浙赣区域史研究工作坊由厦门大学、浙江大学、浙江师范大学、杭州师范大学、南昌大学、江西师范大学、中山大学、华东师范大学等高校轮流承办，旨在提供一个学术合作及人才培养的平台，推动区域史研究的发展和学术共同体的形成。本届工作坊会期6天，浙江师范大学承办前期的论文报告研讨，厦门大学历史系承办后期的田野调查，来自北京大学、清华大学、康奈尔大学等国内外近20所高校、研究机构的60余位专家学者共同研讨闽浙赣区域史。工作坊共收到近50篇论文，涉及明清基层组织与社会、鱼鳞图册研究、地权变迁、军事制度等诸多领域。田野调查以福建浦城为主要调查点，计有浙江江山仙霞关、福建浦城三山会馆、浦城考古成就展、龙头山考古工地、大口窑遗址、观前古渡口、天后宫和临江镇镇安桥等地。

2019 年 11 月 9～10 日，与中国历史研究院《历史研究》编辑部联合主办第十三届"历史学前沿论坛"。历史学前沿论坛作为《历史研究》编辑部打造的高端论坛，自 2007 年首次举办以来，迄今已历十三届，为推动历史学科融合发展，促进史学研究水平和创新能力提升，加快构建中国特色历史学科体系、学术体系、话语体系做出重要贡献。此次论坛的主题为"融合与创新：新中国史学研究七十年"，论坛聚焦新时代中国史学这一新命题，旨在总结新中国成立七十年来史学的发展与成就，促进学科交叉整合，推动学术创新。论坛吸引了全国 30 余所高校、科研机构、学术媒体的 60 余位学者专家汇聚厦门大学历史系。在为期两天的会议中，与会学者分为中国古代史、中国近现代史与世界史三组，进行 51 场学术报告，围绕新中国史学研究七十年发展历程、地方权力与社会、国家财政与政策等实证案例，景观史、传播史、历史认知等跨学科研究理论与实践等问题，展开深入讨论与交流。论坛首先全面回顾新中国史学的发展历程，涉及近代史、经济史、社会史、历史地理学、海关史、漕运史、台湾史、民众运动史、俄国史等多个领域，全面总结新中国史学七十年成就，为更进一步推进历史学研究奠定基础，指明方向；论坛同时也集中讨论了新中国史学发展中的重大命题，或加以重新检视，或推进深入分析，在各个领域都取得了新的学术成果，通过揭示历史规律、把握历史发展趋势，起到了引领史学发展的积极作用。论坛还积极倡导跨学科研究，这也是近年来史学研究中最重要的潮流之一，有多篇参会论文采用跨学科研究的方法，拓展了历史资料与研究理路，实现了学术创新。总的看来，此次论坛回顾总结了新中国七十年史学的发展成就，一方面对历史学重大命题重加思考，推进其向纵深发展；另一方面开展跨学科研究与融合，注重学术创新，引领史学方向。论坛展现了许多学术新热点，有助于推进新时代历史学学术体系的发展与完善。

民间历史文献论坛系列。自 2008 年起，厦门大学历史系、厦门大学民间历史文献研究中心联合举办民间历史文献论坛，一年一届。论坛围绕民间历史文献学的研究方法和个案实践、区域文献中的地方社会、民间文献与基层人群、制度运作与地方社会等主题展开每年一次的高端交流。论坛吸引了国内外区域史与地方史研究的顶尖学者参与，成为民间历史文献学领域的高端学术论坛的代表。

三 厦门大学专门史（中国经济史）学科近五年代表性科研成果

（一）学术论文

2016 年

王日根：《"道"与"器"的争锋：晚清科举的走向》，《浙江社会科学》2016 年第 11 期。

王日根：《"官民相得"传统与现代社会治理》，《社会治理》2016 年第 2 期。

王日根：《〈儒林外史〉所见乐清士风与世习》，《温州大学学报》（社会科学版）2016 年第 5 期。

陈瑶：《"各族皆有家神"——以湘潭阳塘龙王信仰与周氏宗族建构为中心》，《安徽史学》2016 年第 1 期。

梁心：《"另辟新境"的社会改造：新村运动与民国早期读书

人的乡村想象》，《社会科学研究》2016 年 2 期。

林昌丈：《汉晋铭刻与荆南家族》，《中华文史论丛》2016 年第 2 期。

李春圆：《黑水城文书所见元代亦集乃路物价》，《中国经济史研究》2016 年第 2 期。

王日根、任国英：《近代以来东南亚中医药业与慈善业的结合及其意义——立足于新加坡、马来西亚的分析》，《历史教学（下半月刊）》2016 年第 4 期。

王日根、章广：《科举制度的重建对清王朝稳定的意义》，《湖北大学学报》（哲学社会科学版）2016 年第 6 期。

刘婷玉：《妈祖文化的外向型特征及其在美国的播迁》，《莆田学院学报》2016 年第 3 期。

陈瑶：《明清湘江河道社会管理制度及其演变》，《中国经济史研究》2016 年第 1 期。

刘婷玉：《谁人为畲？——家族文书与"畲"的族群变迁》，《中国经济史研究》2016 年第 5 期。

李春圆：《元代物价申报制度小考》，《中国史研究》2016 年第 3 期。

朱圣明：《再谈秦至汉初的"户赋"征收——从其与"名田宅"制度的关系入手》，《中国经济史研究》2016 年第 3 期。

陈瑶：《祖先与文字——清代以来湘潭族谱中灵官祭祀的正统化》，《历史人类学学刊》2016 年第 2 期。

梁建国：《北宋东京的人口分布与空间利用》，《中国经济史研究》2016 年第 6 期。

梁建国：《2015 年宋史研究综述》，《中国史研究动态》2016 年第 6 期。

钞晓鸿「中国における近年の水利史研究——中国大陸地区

を中心に」『中国水利史研究』44 号，2016 年。

吴海兰：《会众以合一——黄宗羲对中国传统学术史的继承与发展》，《南开学报》（哲学社会科学版）2016 年第 1 期。

刁培俊、仝相卿：《典范与牵引——邓小南〈祖宗之法——北宋前期政治述略〉读后》，《中华文史论丛》2016 年第 4 期。

郑振满：《华南学者的历史人类学：传承与互动》，收于梁庆寅、郑振满、陈春声等：《学术共同体》，《开放时代》2016 年第 4 期。

郑振满：《乡村是我们的共同家园》，载高士明、贺照田主编《人间思想》第四辑，人间出版社，2016。

郑莉：《明清时期海外移民的庙宇网络》，《学术月刊》2016 年第 1 期。

郑莉：《在田野实践中学习：学术认同感与方向感》，收于梁庆寅、郑振满、陈春声等：《学术共同体》，《开放时代》2016 年第 4 期。

郑莉、邵文琪：《〈江声报〉广告与厦门地方社会（1945—1949）》，《现代广告（学术刊）》2016 年第 6 期。

李卫华：《清末"官营商报"案研究》，《新闻与传播研究》2016 年第 3 期。

李智君：《天竺与中土：何为天地之中央——唐代僧人运用佛教空间结构系统整合中土空间的方法研究》，《学术月刊》2016 年第 6 期。

李智君：《明代漳州府"南门桥杀人"的地学真相与"先儒尝言"：基于九龙江洪灾的认知史考察》，载李庆新主编《海洋史研究》第 9 辑，社会科学文献出版社，2016。

张侃、张雪英：《20 世纪 60 年代"单干"讨论与邓子恢农村改革的政治困境》，《龙岩学院学报》2016 年第 6 期。

张侃、董丽琼：《清代台湾北部的汀州客家移民合作垦殖和共有形态论析——以契约文书等文献为中心》，《中国社会经济史研究》2016 年第 3 期。

张侃：《学术共同体的法度尺寸与经验感受》，收于梁庆寅、郑振满、陈春声等：《学术共同体》，《开放时代》2016 年第 4 期。

张侃、谢丹琳：《模糊身份与弹性纠偏：1950 – 1954 年福建省龙岩县的华侨土改》，载贺照田、高士明主编《人间思想》第五辑，人间出版社，2016。

2017 年

朱圣明：《再谈秦至汉初的"户赋"征收——从其与"名田宅"制度的关系入手》，中国秦汉史研究会编《秦汉史论丛》（第十四辑），四川人民出版社，2017。

朱圣明：《汉代"边民"的族群身份与身份焦虑》，《中国边疆史地研究》2017 年第 3 期。

水海刚：《虞和平与中国商会史研究》，《中国社会经济史研究》2017 年第 2 期。

水海刚：《跨界与构界之间：海外华人与现代中国——基于华人社团网络的分析》，《华人研究国际学报》2017 年第 1 期。

水海刚：《战时缅甸归侨的战后复员——以"国家 – 社会"关系为考察视域》，《厦门大学学报》（哲学社会科学版）2017 年第 6 期。

刘婷玉：《明代海上丝绸之路与妈祖信仰的海外传播》，《中国高校社会科学》2017 年第 6 期。

Zheng，L.，"Ancestors and Orphan Ghosts：Henghua Salvation Rituals of the Festival of Universal Deliverance of the Seventh Lunar Month in Malaysia，" *Inter-Asia Cultural Studies* 18（2017）：pp. 617 – 631.

张侃：《晚清民初福建潘田铁矿的资本博弈与政治角力》，武力主编《产业与科技史研究》第 2 辑，科学出版社，2017。

张侃：《1949 年的政权替代、宗教纪年与政治意涵：以温州东源村白氏道士科仪文书为例》，载贺照田、高士明主编《人间思想》第七辑，人间出版社，2017。

张侃：《红色文化、国家记忆与现代国家建构的宏观思考——一个政治哲学的维度》，《福建论坛》（人文社会科学版）2017 年第 7 期。

张侃、李小平：《1929—1930 年闽西乡村苏维埃政权的执政实践——以"芷溪苏维埃政府公文底稿"为中心的分析》，《东南学术》2017 年第 1 期。

李智君：《无远弗届与生番地界——清代台湾外国漂流民的政府救助与外洋国土理念的转变》，《海交史研究》2017 年第 2 期。

王日根：《由"体认""自觉"而"升华"：傅衣凌治史对唯物史观的践行》，《近代史研究》2017 年第 5 期。

王日根：《郑氏与明清王朝对汀漳泉海域社会控制权的争夺》，《华中师范大学学报》（人文社会科学版）2017 年第 1 期。

王日根、徐婧宜：《晚清政权强化公权力进程中的清障努力——对文献中"恶劣绅衿"三种表达类型的考释》，《江西社会科学》2017 年第 3 期。

王日根：《〈儒林外史〉中"出家人"与明清佛徒的纷异》，《吉林师范大学学报》（人文社会科学版）2017 年第 3 期。

邱士杰：《日据时期朝鲜与台湾的无政府主义者交流——以申采浩与林炳文的活动为中心》，《台湾研究集刊》2017 年第 2 期。

邱士杰：《重温"经济学的民族形式"》，《读书》2017 年第 6 期。

李春圆：《1260 年前后蒙丽关系转折补论——以高丽〈与张学士书〉为线索》，载刘迎胜主编《元史及民族与边疆研究集刊》第 33 辑，上海古籍出版社，2017。

孙飞燕：《论马王堆帛书〈春秋事语〉的创作意图、主旨及思想》，邬文玲主编《简帛研究》2017 春夏卷，广西师范大学出版社，2017。

陈瑶：《清代湖南涟水河运与船户宗族》，《中国经济史研究》2017 年第 4 期。

刁培俊、仝相卿：《邓小南〈祖宗之法〉评议》，载刘东主编《中国学术》第 38 辑，商务印书馆，2017。

陈支平：《泉港头北妈祖信仰与台北启天宫的田野调查》，《妈祖文化研究》2017 年第 2 期。

陈支平、方圣华：《传统与创新——〈新纂王氏族谱二分谱〉评介》，《中国社会经济史研究》2017 年第 4 期。

赵永磊：《塑造正统：北魏太庙制度的构建》，《历史研究》2017 年第 6 期。

2018 年

钞晓鸿：《读书与识字》，《读书》2018 年第 7 期。

陈瑶：《明清湘江河道社会管理制度及其演变》，载魏明孔主编《中国经济史学的话语体系构建：第四届全国经济史学博士后论坛论文精选集》，九州出版社，2018。

陈瑶：《整体把握长江木帆船业近代转型》，《中国社会科学报》2018 年 12 月 4 日，第 4 版。

林昌丈：《汉魏六朝"郡记"考论——从郡守问士说起》，《厦门大学学报》（哲学社会科学版）2018 年第 1 期。

水海刚：《公用与民营：近代鼓浪屿租界公用事业研究》，载张利民主编《城市史研究》第 38 辑，社会科学文献出版社，

2018。

水海刚：《移民企业家与近代鼓浪屿公共租界：地域经济圈的视角》，《中国社会经济史研究》2018 年第 3 期。

水海刚：《"二战"后缅甸归侨复员过程中的国家认同（1945 - 1949)》，载中国社会科学院近代史研究所编《中国社会科学院近代史研究所青年学术论坛（2016 年卷)》，社会科学文献出版社，2018。

吴海兰：《黄宗羲与蕺山学的塑造》，《汉籍与汉学》2018 年第 1 期。

吴海兰：《新〈春秋〉学与中晚唐史学褒贬义例的运用》，《史学史研究》2018 年第 3 期。

吴海兰：《整体思维视域下的"通史家风"》，《天津社会科学》2018 年第 6 期。

朱圣明：《秦代地方官员的文书传递职权——以里耶秦简异地同级文书为中心的考察》，《南都学坛》2018 年第 1 期。

刁培俊：《典范牵引、实践模拟与学术入门——历史学专业人才培养模式改革新尝试》，《学位与研究生教育》2018 年第 3 期。

李智君：《梦在佛教早期东传中的媒介作用》，《南国学术》2018 年第 4 期。

梁建国：《桥门市井：北宋东京的日常公共空间》，《中国史研究》2018 年第 4 期。

刘诗古：《清代内陆水域渔业捕捞秩序的建立及其演变——以江西鄱阳湖区为中心》，《近代史研究》2018 年第 3 期。

刘诗古：《从"化外之民"到"水上编户"：20 世纪 50 年代初鄱阳湖区的"民船民主改革"运动》，《史林》2018 年第 5 期。

孙飞燕：《论清华简〈赤鸠之集汤之屋〉的性质》，载武汉大学简帛研究中心主办《简帛》第 16 辑，上海古籍出版社，2018。

孙飞燕：《上博简〈柬大王泊旱〉对宗教性天命观的宣扬》，载刘玉堂主编《楚学论丛》第七辑，湖北人民出版社，2018。

孙飞燕：《清华简〈周公之琴舞〉补释》，《考古与文物》2018 年第 6 期。

林枫：《从财政史观察的中国经济社会转型》，《中国社会经济史研究》，2018 年第 4 期。

张侃、刘伟彦：《从中法身税交涉看近代旅越闽粤商帮的利益诉求与历史演变》，载马敏主编《近代史学刊》第 19 辑，社会科学文献出版社，2018。

郑振满等：《清水江文书研究的问题意识、学术价值与研究路径——〈黎平文书〉首发式论坛专家演讲之五》，《原生态民族文化学刊》2018 年第 2 期。

赵永磊：《神主序列与皇位传承：北齐太祖二祧庙的构建》，《学术月刊》2018 年第 1 期。

饶伟新、蔡永明：《中央苏区的分田运动与地方主义问题》，《厦门大学学报》（哲学社会科学版）2018 年第 2 期。

王日根：《乡绅对明清江西地方社会秩序的意义——施由明〈明清江西乡绅与县域社会治理〉述评》，《农业考古》2018 年第 6 期。

王日根：《清朝皇帝利用科举功名体恤功臣名勋简论》，《浙江社会科学》2018 年第 11 期。

王日根：《大数据下历史学研究的个性彰显》，《史学月刊》2018 年第 9 期。

王日根、陶仁义：《从"盐徒惯海"到"营谋运粮"：明末淮安水兵与东江集团关系探析》，《学术研究》2018 年第 4 期。

王日根、陶仁义：《明中后期淮安海商的逆境寻机》，《厦门大学学报》（哲学社会科学版）2018 年第 1 期。

李春圆：《元代云南经济碑刻二通考释——兼论碑文所见的土地交易》，载刘迎胜主编《元史及民族与边疆研究集刊》第 36 辑，上海古籍出版社，2018。

李春圆：《元代买地券校录及类型学的初步研究》，载刘迎胜、姚大力主编《清华元史》第 4 辑，商务印书馆，2018。

陈支平、赵庆华：《中国历史与文化研究中民间文献使用问题反思》，《云南师范大学学报》（哲学社会科学版）2018 年第 4 期。

陈支平：《刘基家事探微》，《浙江工贸职业技术学院学报》2018 年第 3 期。

陈支平：《闽南文化普及的有益尝试——张山梁的〈王阳明读本——"三字经"解读本〉》，《闽台文化研究》2018 年第 3 期。

陈支平、赵庆华：《明代嘉万年间闽粤士大夫的寨堡防倭防盗倡议——以霍韬、林偕春为例》，《史学集刊》2018 年第 6 期。

陈支平、张金林：《清代财政史研究的新解释——评倪玉平〈清代财政史四种〉》，《中国社会经济史研究》2018 年第 2 期。

陈支平、戴美玲：《明代"番舶"征税考实》，《中国高校社会科学》2018 年第 3 期。

陈支平：《早期台湾史与中国大陆关系的重新审视》，《东南学术》2018 年第 1 期。

2019 年

Chen, B. Y., "The Coastal Evacuation of Zhangpu County in Early Qing," *Chinese Studies in History* 52（2019）：pp. 163 – 180.

刘婷玉：《象、虎、水利与福建山区畲族生计方式的变迁》，《中国经济史研究》2019 年第 3 期。

黄向春：《清代福州的"蜑民"与地方社会：以一通嘉庆碑

铭为中心的历史"厚描"》，《学术月刊》2019 年第 8 期。

李春圆：《元代土地价格研究》，《中国经济史研究》2019 年第 4 期。

李春圆：《"大元"国号新考——兼论元代蒙汉政治文化间之交流》，《历史研究》2019 年第 6 期。

郑振满、刘志伟访谈记录，收于王政军、梁枢：《打开中国文化的独特性》，《光明日报》2019 年 3 月 16 日，第 11 版。

刘婷玉：《元明军屯制度与畲族分布格局新探》，《中央民族大学学报》（哲学社会科学版）2019 年第 6 期。

刘婷玉：《从费维恺到德里克——20 世纪 80 年代美国的"中国资本主义萌芽"研究》，《史学理论研究》2019 年第 2 期。

徐东升：《"丹阳铜"论略》，《厦门大学学报》（哲学社会科学版）2019 年第 1 期。

郑莉：《东南亚华人的乩童仪式传统——以新加坡兴化人"坛班"为例》，《世界宗教研究》2019 年第 5 期。

邱士杰：《试论 1920 年代后期台湾抗日运动的左右分化——以台共党内斗争为线索的考察》，《台湾研究集刊》2019 年第 4 期。

伍伶飞、吴松弟：《产业政策与航运格局：以近代日本灯塔事业为中心》，《复旦学报》（社会科学版）2019 年第 1 期。

梁建国：《北宋京畿地区洪涝的协同治理》，《厦门大学学报》（哲学社会科学版）2019 年第 1 期。

杨际平：《我国古代契约史研究中的几个问题》，《中国史研究》，2019 年第 3 期。

黄向春：《身份、秩序与国家——20 世纪 50 年代闽江下游地区的"水上人"与国家建构》，《开放时代》2019 年第 6 期。

林昌丈：《试论汉六朝闽地人群的编户化进程——以墓砖铭文为中心》，《文史哲》2019 年第 2 期。

林昌丈：《冥世的"乡里"想象——以汉六朝冢墓铭文为中心》，《社会科学战线》2019 年第 11 期。

杨际平：《走出"唐宋变革论"的误区》，《文史哲》2019 年第 4 期。

林枫：《清代政府如何监管土地交易》，《人民论坛》2019 年第 9 期。

孙飞燕：《读上博简〈三德〉札记（七则）》，载李学勤主编《出土文献》第 15 辑，中西书局，2019。

林枫：《明清福建商帮的形成与海上丝绸之路》，《文史知识》2019 年第 9 期。

王日根、叶再兴：《明清东部河海结合区域水灾及官民应对》，《福建论坛·人文社会科学版》2019 年第 1 期。

刘婷玉：《明清小冰期与"畲民向化"——环境变迁与闽粤赣湘交界区域的族群关系》，《广西民族研究》2019 年第 2 期。

刁培俊：《政局演进与唐宋士族转型的经济元素》，《史学月刊》2019 年第 3 期。

钞晓鸿：《环境史研究的理论与实践》，《思想战线》2019 年第 4 期。

吴海兰：《试析刘知幾的正统思想——以〈史通〉的史学批评为考察中心》，载杨共乐主编《史学理论与史学史学刊》2019 年下卷，社会科学文献出版社，2020。

杨际平：《4—13 世纪汉文、吐蕃文、西夏文买卖、博换牛马驼驴契比较研究》，《敦煌学辑刊》2019 年第 1 期。

李春圆：《红袄—忠义军与"益都李氏"之生成新考》，载马建春主编《暨南史学》第 19 辑，暨南大学出版社，2019。

杜树海：《评 Steven B. Miles, Upriver Journeys: Diaspora and Empire in Southern China, 1570—1850》，《汉学研究》2019 年第

2 期。

王日根、张宗魁：《清在闽设置龙岩、永春直隶州的动机与成效考》，载黄贤全、邹芙都主编《西部史学》第 2 辑，西南师范大学出版社，2019。

王日根：《由〈备边司誊录〉看清代东亚海域北段沿海贸易形态》，《淡江史学》2019 年第 31 期。

刘诗古：《从大水灾到大饥荒：安徽无为县的灾荒与救济（1954—1961）》，《二十一世纪》2019 年第 1 期。

李智君：《天地之气交逆——明清时期的风信理论与航海避风》，《海交史研究》2019 年第 3 期。

林枫：《山海兼顾：明清时代福建商帮的多元贸易取向——并论连城商人》，载连城县老年健康长寿研究会编《连城与海上丝绸之路》，福建科学技术出版社，2019。

李春圆：《元代徽州地契的解读——以地价为中心》，载李治安主编《庆祝蔡美彪教授九十华诞元史论文集》，中国社会科学出版社，2019。

陈瑶：《山水相接处，矿工与船户：清前期湘中地区的煤磺外运与宗族建构》，载钞晓鸿主编《历史上环境与社会经济的互动：中国环境科学学会环境史专业委员会首届年会论文选集》，厦门大学出版社，2019。

Chen, B. Y., "Min zai hai zhong (Fujian at Sea)," *Journal for Maritime Research* 23 (2021): pp. 95 – 97。

郑振满：《从实践的观点理解宗族》，《读书》2019 年第 9 期。

Chen, B. Y., "On Global Production and Distribution of Silver, 1530 – 1900," in Depeyrot, G. eds., *Currency, Money and Economic History* Collection Moneta 206 (Wetteren: Moneta, 2019), pp. 83 – 87.

Dean，K.，Zheng，Z. M.，"The Rise of a'Temple – Centric' Society in Putian in the Song and Later Transformations of the Ritual Sphere，"民俗曲艺 205（2019）：pp. 103 – 159.

水海刚：《国家与网络之间：战前环南中国海地区华侨小微商号的经营策略》，《中国经济史研究》2019 年第 2 期。

郑莉：《祖先与孤魂：马来西亚芙蓉坡兴化人的中元普渡仪式》，载王加华主编《节日研究》第 14 辑，山东大学出版社，2019。

郑学檬：《印度棉织文明东渐和中国岭南、江南棉织业的兴起》，载刘进宝主编《丝路文明》第 4 辑，上海古籍出版社，2019。

2020 年

黄向春：《民间文献、数据库与作为方法的总体史》，《光明日报》2020 年 2 月 17 日，第 14 版。

郑振满：《明清时期的林业经济与山区社会——福建永泰契约文书研究》，《学术月刊》2020 年第 2 期。

梁勇：《清至民初重庆乡村公产的形成及其国家化》，《清史研究》2020 年第 1 期。

陈支平、鄢姿：《明代关于"天妃"封号的论辩》，《史学集刊》2020 年第 2 期。

梁勇：《晚清公局与州县行政变革——以巴县为例》，《中国高校社会科学》2020 年第 2 期。

郭丛：《汉初"献费"新探》，《史学月刊》2020 年第 3 期。

郑学檬、杨际平、陈明光等：《韩国磐史学思想与史学成就试探》，《厦门大学学报》（哲学社会科学版）2020 年第 2 期。

梁勇：《清代重庆公估局与地方商贸秩序》，《西华师范大学学报》（哲学社会科学版）2020 年第 2 期。

张侃：《近代亚洲海洋网络与在华韩人独立运动的展开——以 20 世纪闽南相关事例为切入点》，载温春来主编《区域史研究》2019年第2辑，社会科学文献出版社，2020。

伍伶飞：《近代城市发展与银行区位决策——一项基于上海的研究》，载张利民主编《城市史研究》第41辑，社会科学文献出版社，2020。

李春圆：《元代的量制政策和量制运用——兼考元省斛与南宋文思院斛之换算关系》，《史学月刊》2020年第5期。

张侃、吕珊珊：《从明清针路文献看南麂岛的航线指向及其历史变迁》，载李庆新主编《海洋史研究》第14辑，社会科学文献出版社，2020。

李智君：《北魏佛教对洛阳都城景观的时空控制——以景观高度演替和时间节律变化为例》，《学术月刊》2020年第7期。

刘诗古：《近代中国城市商业活动中的"码头权"——以江西南昌市为中心》，《中国经济史研究》2020年第5期。

（二）专著

2016年

陈支平：《史学水龙头集》，福建人民出版社，2016。

陈支平：《虚室止止集》，人民出版社，2016。

王日根、曹斌：《明清河海盗的生成及其治理研究》，厦门大学出版社，2016。

王日根、林枫：《闽商发展史·香港卷》，厦门大学出版社，2016。

梁建国：《朝堂之外：北宋东京士人交游》，中国社会科学出版社，2016。

陈支平：《陈支平台湾史研究名家论集》，台湾兰台出版社，2016。

杨国桢主编《中国海洋文明专题研究（1—10卷）》，人民出版社，2016。

张侃、水海刚：《闽商发展史·澳门卷》，厦门大学出版社，2016。

2017 年

靳小龙：《宋代转运使与地方控制研究》，花木兰文化出版社，2017。

陈瑶：《籴粜之局：清代湘潭的米谷贸易与地方社会》，厦门大学出版社，2017。

王日根、陈国灿：《江南城镇通史（清前期卷）》，上海人民出版社，2017。

朱圣明：《华夷之间：秦汉时期族群的身份与认同》，厦门大学出版社，2017。

张和平：《物外田园》，黄山书社，2017。

王日根、大木康编纂：《中国会馆志资料集成（第二辑）》，厦门大学出版社，2019。

张侃：《中国近代外债制度的本土化与国际化》，厦门大学出版社，2017。

2018 年

张和平：《精神视域下的中国历史与文化》，厦门大学出版社，2018。

戴一峰等：《海外移民与跨文化视野下的近代鼓浪屿社会变迁》，厦门大学出版社，2018。

王日根：《中国会馆史》，东方出版中心，2018。

陈支平：《客家民系的形成及其源流》，广东人民出版社，2018。

张侃、壬氏青李：《华文越风：17—19 世纪民间文献与会安华人社会》，厦门大学出版社，2018。

王日根：《经济之域：明清陆海经济发展与制约》，厦门大学出版社，2018。

刘诗古：《资源、产权与秩序：明清鄱阳湖区的渔课制度与水域社会》，社会科学文献出版社，2018。

刘婷玉：《凤凰于飞：家族文书与畲族历史研究》，厦门大学出版社，2018。

杨国桢等：《中国海洋资源空间》，海洋出版社，2018。

2019 年

杨国桢：《东溟水土：东南中国的海洋环境与经济开发》，江西高校出版社，2019。

杨国桢：《海天寥廓：明清中国沿海社会与海外移民》，江西高校出版社，2019。

杨国桢：《瀛海方程：中国海洋发展理论与历史文化》，江西高校出版社，2019。

连心豪：《水客走水：近代中国沿海地区的走私与反走私》，江西高校出版社，2019。

杨国桢等：《中国海洋空间简史》，海洋出版社，2019。

杨国桢等：《中国海洋战略空间》，海洋出版社，2019。

杨国桢等：《中国海洋权益空间》，海洋出版社，2019。

水海刚：《口岸贸易与腹地社会：区域视野下的近代闽江流域发展研究》，厦门大学出版社，2019。

吴海兰：《明清之际经史学研究》，厦门大学出版社，2019。

王日根、段芳、胡舒扬、牛震宇：《福建海上丝绸之路（厦门卷）》，福建人民出版社，2019。

杨国桢：《海洋文明论与海洋中国》（韩文版），（首尔）昭明出版社，2019。

卞孝萱、郑学檬：《五代史话》，北京人民出版社，2019。

任智勇：《咸同时期的榷关与财政》，北京师范大学出版社，2019。

王日根：《耕海耘波：明清官民走向海洋的历程》，厦门大学出版社，2018。

2020 年

陈支平：《史学的思辨与明清的时代探寻》，中西书局，2020。

刁培俊编：《切思：学术的真与美：中国历史名师访谈录》，中国社会科学出版社，2020。

李小平、张侃主编：《20 世纪上半叶闽西苏区的革命进程与社会形态》，厦门大学出版社，2020。

（三） 咨询报告

王日根：《清代治台的当代五点启示》，2019。

（四） 获奖情况

1. 第八届高等学校科学研究优秀成果奖

著作论文奖三等奖

郑学檬：《唐宋元海上丝绸之路和岭南、江南社会经济研究》

张侃：《中国近代外债制度的本土化与国际化》

2. 福建省第十一届社会科学优秀成果奖

二等奖

杨际平：《唐前期江南折租造布的财政意义——兼论所谓唐中央财政制度之渐次南朝化》

饶伟新：《明代“军灶籍”考论》

三等奖

钞晓鸿：《深化环境史研究刍议》

3. 福建省第十二届社会科学优秀成果奖

二等奖

杨国桢：《中国海洋文明专题研究》（1～10卷）

三等奖

钞晓鸿：《泾渭清浊：乾隆朝的考察辨析及其功用意义》

4. 第十三届福建省社会科学优秀成果奖

一等奖

张　侃：《中国近代外债制度的本土化与国际化》

二等奖

陈支平：《朱熹及其后学的历史学考察》

三等奖

陈　瑶：《籴粜之局：清代湘潭的米谷贸易与地方社会》

青年佳作奖

朱圣明：《现实与思想：再论春秋"华夷之辨"》

5. 全国古籍出版社百佳图书一等奖

郑振满：《福建宗教碑铭汇编·漳州府分册》（4册）

6. 第四届全国民族研究优秀成果奖二等奖

朱圣明：《华夷之间：秦汉时期族群的身份与认同》

（五）科研项目

1. 国家社科基金重大项目

陈支平：中国南方少数民族家谱整理与研究

王日根：清代海疆政策与开发研究

鲁西奇：中国历史上的滨海地域研究

梁　勇："湖广填四川"移民墓葬碑刻文献数据库建设及其乡村社会研究

林　枫：华侨谱牒搜集整理与海上丝绸之路研究

钞晓鸿：明清时期黄河治理工程文献的整理研究与数据库建设

2. 国家社科基金重点项目

钞晓鸿：清代以来北方水文化史料整理与研究

3. 国家社科基金一般项目和青年项目

钞晓鸿：清代以来黄土高原水资源环境与社会变迁研究

李智君：明清时期西北太平洋热带气旋与东南沿海基层社会应对机制研究

王日根：明清河海盗的生成及其治理研究

林　枫：明清时代泉州的港口贸易与城市变迁研究

黄顺力：近代中国从海防到海权的思想衍变研究

郑　莉：东南亚兴化人的庙宇与仪式传统研究

李卫华：清末政府报刊媒介管理研究

朱圣明：差异性视角下的秦汉"边民"研究

林昌丈：汉唐地方史志资料的整理与研究

刘婷玉：明代卫所移民与边疆民族融合研究

邱士杰：马克思主义社会形态理论与中国历史发展进程研究

刁培俊：蒙古元素"江南风尚"的隐、显与宋元社会转型研究

陈　瑶：清至民国长江中游木帆船航运业研究

梁建国：北宋京畿地区洪涝治理研究

刘诗古：清至民国长江中游地区滨水社会研究

水海刚：环南中国海地区海上丝绸之路的近代变迁研究

4. 国家自然科学基金面上项目

李智君：汉唐佛教对中国地理学思想及景观的影响研究

5. 教育部人文社会科学研究基地重大项目

王日根：传统徽州社会保障体系建设的经验与教训研究

张　侃：明清帝国体系与东南滨海地域社会

刘永华：明清时期的礼仪变革与乡村社会

6. 教育部人文社会科学研究项目

吴海兰：明末清初的经学与史学

郑　莉：近代闽南侨乡的国际移民与跨国生存状态——以族谱与侨批为中心的研究

7. 福建省社会科学基金

重大项目

张　侃：历史文化街区、村镇保护的机制与经验研究

一般项目

林　枫：港口、城市与社会变迁——以明清泉州城市历史研究为中心

徐东升：唐宋赋税减、免缓征研究

朱圣明：汉代"边民"的族群身份与国家认同研究

刁培俊："蒙古元素"的隐、显与宋元福建社会转型研究

郑　莉：沙捞越华人文献的收集与研究

水海刚：近代南洋华侨商业文书整理与研究

伍伶飞：近代东南沿海灯塔地理信息系统研究

8. 其他科研项目

福建省科技厅软科学项目

林　枫：福建乡村百年变迁——基于实地调查的比较

教育部哲学社会科学研究项目教育部重大课题攻关项目子课题

水海刚：中国山区开发与发展的历史研究（武夷山区）

教育部哲学社会科学重点研究基地研究项目子课题

张　侃：近代闽粤地区商人团体与港台经贸往来及文化交流

水海刚：近代闽粤地区商人团体与华商网络的构建

国家社科基金重大项目子课题

张　侃：国共内战时期的工商税收：国民税负与税收信用危

机（1945—1949）

陈明光：从统收统支到财政包干：汉唐间财政体制与地方治理

中国历史研究院科研局一般项目

陈支平：中国经济史学发展的基础理论研究

哈佛大学费正清中国研究中心委托项目

郑振满：中国地方史与民间文献数据库

哈佛文理基金项目委托项目

郑振满：福建山林契约文书整理与研究

南开大学经济史学的发展

南开大学经济史学科有悠久的历史，自 1927 年南开大学经济研究所成立，经济史就是理论研究的专业之一。新中国成立后，南开大学经济研究所和经济系就都设有经济史研究室和教研室，在各个历史时期均承担和参与了地方与国家的重要研究课题。1932 年南开大学经济研究所开始招收经济史专业研究生，新中国成立后南开大学经济史学科是 1981 年我国恢复学位制度后首批获得博士学位授予权的学科之一。作为理论经济学的二级学科，南开大学的经济史研究始终坚持将经济学理论和历史结合起来，对中国经济发展的历史进行实证研究。

1928 年，南开大学经济学科的创始人之一方显廷教授凭借论文《英国工厂制度的胜利》获得美国耶鲁大学博士学位，1929 年初受聘于南开大学经济学科，创办和主持南开大学经济研究所，不仅担任经济史教授、招收经济史专业的研究生，还推进了中国经济史资料搜集和专题研究等工作。当时南开大学经济研究所的专著成果有华文煜的《宋代之荒政》、张纯明的《盐铁论之背景及其内容之分析》、袁贤能的《中国货币论考证》、王毓铨的《王安石的改革政策》、朱庆永的《同治二年苏松二府减赋之原因及其经过》和《明末辽饷问题》等。20 世纪 40 年代末进入南开大学的傅筑夫教授，则将历史和经济分析结合的方法推广到对中国古代经济史的研究中，80 年代初出版的《中国封建社会经济史》成为当时中国经济史研究领域颇有影响的著作。

20 世纪 50 年代初，南开大学的学者承担了中国近代盐务史资料的整理工作，经过两代人的努力，于 80 年代中期出版了 4 卷本的《中国近代盐务史资料选辑》。20 世纪 50 年代后期，在郭士浩教授的带领下，南开大学经济史学科先后对启新洋灰公司、开滦煤矿、东亚毛纺厂、"永久黄"集团等企业的史料进行整理和研究，在 50 年的时间中先后出版了《启新洋灰公司史料》《旧中国开滦煤矿的工资制度和包工制度》《开滦煤矿矿权史料》《范旭东企业集团历史资料汇编》等。20 世纪 70 年代，南开大学经济史学科加入由中国社会科学院发起，上海社会科学院经济研究所、南开大学经济研究所共同参与的"中国资本主义发展史"研究项目，在整理已有调查资料的基础上，通过对典型企业的历史调查来研究中国资本主义的发展。其中，丁世洵教授成为最早对中国资本主义发展水平进行测度研究的学者之一。

20 世纪 80 年代中期，参与过"中国资本主义发展史"研究的主要研究人员，阎光华、俞启孝、刘佛丁、朱秀琴和丁长清等，又开始在中国近代经济发展、中国城市史、中国近代盐业史、中国近代农业经济史和中外近代经济发展史比较等领域展开全方位的研究，在这些研究中他们注意运用经济学理论研究近代中国经济发展，逐渐形成了后来以刘佛丁教授为代表的中国经济史研究的"南开学派"。南开大学经济史学科对近代中国的产业结构、需求变动、经济增长、制度变迁以及行业发展等进行了开拓性的研究，推出了以《近代中国的经济发展》《工商制度志》《制度变迁与近代中国的工业化》《中国城市房地产业史论》《近代中国价格结构研究》《总需求的变动与近代中国的经济发展》《近代中国旅游发展的经济透视》《经济发展中的货币需求》等为代表的一系列研究成果。

南开大学经济史学科于 20 世纪 20 年代建立之时，就积极开展国际学术合作和交流。1978 年改革开放后，南开大学经济史学科恢复与美国、日本中国经济史研究领域相关机构和个人的交流

合作活动。例如，协助美国学者 Linda Grove（顾琳）、关文彬等
展开中国近代华北工业化和企业史研究；学科团队主要研究成员
王玉茹、张东刚先后多次受邀访学日本上智大学、早稻田大学、
一桥大学、东京大学等。90 年代，王玉茹教授作为唯一的中国学
者参与日本文部省重点研究项目"亚洲历史统计"，承担子课题
"近代中国物价和工资统计"。90 年代末，开始出席历届世界经济
史学会年会，在国际经济史学界最高的学术交流平台展示研究成
果。在长期的发展中，南开大学经济史学科与美国、英国、澳大
利亚、日本、韩国和中国台湾学术界建立了较为广泛的学术交流
与合作关系。

经过经济史学科团队的辛勤耕耘，1982 年 4 月 28 日，南开
经济史学科——中国经济史，成为南开大学理论经济学一级学科
下，首批获权授予博士学位的二级学科，傅筑夫教授为全国首批
博士生导师。1993 年，南开大学经济史学科被确定为天津市高等
学校首批重点学科，到 2001 年，经济史学科又成为高校理论经济
学中唯一的国家级重点学科。"十五"期间，南开大学经济史学
科按照学科建设规划，坚持建设一支精干的学术队伍、建立和完
善学科专业、规范学科体系的目标，取得了长足的发展。2005
年，设立学科整合平台——南开大学经济史研究中心。

进入 21 世纪，南开大学新一代经济史学者在继承南开经济史
优良传统的基础上，在深挖历史资料的基础上，进一步深入和拓
展了研究领域，在《中国社会科学》《历史研究》《经济学季刊》
《中国经济史研究》等期刊上先后发表学术论文数十篇；使经济
史研究内容由原来的中国经济史和外国经济史拓展为财政史、金
融史、贸易史、企业史、商业史和环境史等领域，拓展了经济史
作为经济学基础学科的作用；研究的时期也在近代经济发展的基
础上扩展到了清代和新中国经济史。2008 年，王玉茹教授主持

"国家清史纂修工程"之《典志·商业志》的编纂；2016 年，王玉茹教授主持国家社科基金重大项目"近代中国经济指数资料整理及数据库建设"的研究工作。2001 年和 2005 年，张东刚教授围绕近代中国总需求研究，先后出版了《消费需求的变动与近代中日经济增长》和《中日经济发展的总需求比较研究：1886—1936》两部专著。2006 年，凝结郭士浩教授和赵津教授等两代学者心血的《范旭东企业集团历史资料汇编》出版；2007 年，王玉茹著《近代中国物价、工资和生活水平研究》、龚关著《近代天津金融业研究：1861—1936》先后出版；2010 年，赵津教授编《"永久黄"团体档案汇编》出版；2007～2011 年，"南开经济史丛书"先后推出了王玉茹的《世界市场价格变动与近代中国产业结构模式研究》、雷鸣的《日本战时统制经济研究》、韩琦的《跨国公司和墨西哥的经济发展》、张玮的《市场·商人组织·产业发展》和关永强的《近代中国的收入分配：一个定量的研究》等专著。2016 年，龚关著《国民政府与中国农村金融制度的演变》出版。

在经济史教学研究和教材建设上，南开大学经济史学科也发挥了国家重点学科的带头作用。在经济史研究框架结构创新和经济史教学创新积累的基础上，1999 年底，由刘佛丁教授任主编，王玉茹、赵津教授任副主编的《中国近代经济发展史》教材由高等教育出版社出版，成为该社改革开放以来推出的第一部内容结构全新的经济史教材，得到了高校中国经济史课程的普遍使用。2006 年底，南开大学与国内 9 所院校合作承担国家"十一五"规划教材《中国经济史》的编写任务。2008 年初，高等教育出版社出版了王玉茹教授主编的以经济发展为主线、文字精练、贯通古今、面向经济学科本科生教学的全新的《中国经济史》教材，教材一经推出即被经济类院校广泛采用，高等教育出版社几乎每年都要重印一两次。2010 年，龚关主编的《中华人民共和国经济史》出版。2011 年王玉茹教授作为第一首席专家主持马克思主义理论研究和建设工程重点教材《中国经济史》的编撰工作，历经学科专家审议、教育部马工程审议委员会审议、专门审读、审议委员会主任委员审查四个环节，经三次大的修改后定稿，送国家教材委员会审查通过，2019 年 1 月由高等教育出版社出版。作为校内理论经济学唯一的国家级重点学科，南开大学经济史学科从 2005 年率先召开理论经济学科经济史教育教学研讨会，规范经济史教学体系、探讨经济史教育教学中的问题、交流经济史教学的经验，在经济类院校产生了比较广泛的影响。

经过多年的发展，南开大学经济史学科已经形成一支年龄、学历、专业研究领域结构合理的研究和教学队伍，与国内外经济史学界保持着良好的交流与合作关系，为经济史教学和研究、经济建设培养了一大批优秀人才。在未来的发展中，南开大学经济史学科仍将在中国经济学理论构建、经济史研究和教学领域做出应有的贡献。

中国人民大学经济史学的发展

中国人民大学经济学院　　孙　睿

中国人民大学经济史学科伴随着新中国的发展而发展，始终秉承着立足中国、放眼世界的学术传统，以兼容并包的姿态，以历史发展的视角，回应中国经济建设中的时代议题，并形成了教学与科研并重的学科发展风格，在教材编写、学生培养、学术研究、对外交流、学术平台建设等方面，对中国经济史学科做出了应有的贡献。

一　中国人民大学经济史学科历史沿革

（一）创立经济史教研室

1950 年，在原华北大学基础上组建的中国人民大学成为新中国马克思主义政治经济学的教学与研究基地。同年 10 月，中国人民大学命名组建伊始，成立了所谓"八大系"，经济计划系即是其中之一，在原华北大学的经济系和计划系的基础上建立。中国人民大学初建时，没有开设经济史课程，当时全国其他院校也没有开设这门课程，也没有经济史教研室，更没有设立经济史相关系所。由于学校的学习目标是莫斯科大学，当时莫斯科大学设置了经济史的相关课程，所以在 1953 年的多个系的本科培养计划中，明确了当时缺失而莫斯科大学开设的经济史相关课程，例如外国国民经济史等。中国人民大学研究部的副部长尹达首先提出需要开设经济史课程。

尹达是著名的考古学家、历史学家，他认为缺乏对社会经济基础的历史研究是不完整的，同时，经济类专业的学生也应该掌握经济发展的历史进程。尹达的建议被学校采纳，在1953年经济类各个专业的学生教育计划中都安排了"中国国民经济史"的课程，共136个课时，其中100课时为讲授，36课时是作业、讨论和实习。当时开设中国国民经济史课程的经济类专业有：财政、财政预算、货币信用、供销与消费合作社、工业生产合作社、国内贸易、工业经济、国民经济计划、政治经济学、统计学、工业生产合作社等。最初的经济史学科发展，主要是由教学的需要带动发展起来的。

为了更好地进行经济史教学和研究，学校在中国历史教研室设立了经济史组，负责经济史学科的筹建。当时著名历史学家尚钺是历史教研室主任，在尚钺等历史学家的主持下，1954年下半年，孙健由政治经济学教研室调到了中国历史教研室，担任经济史组长（教研室另外一个组是通史组），兼任教研室的党支部书记。当时成立的经济史组，主要由从中国历史教研室和政治经济学教研室调来的一些教师和研究生组成。后来院系调整，有来自其他院校的与经济史相关的人员加入进来。例如，全慰天1943年从西南联合大学社会系毕业，1946~1952年任清华大学社会系助教、讲师，1953年来到中国人民大学经济史组。

1956年5月，政治经济学教研室从经济计划系独立出来，经济系重建（原有的政治经济学教研室除外），原属于中国历史教研室的中外国民经济史专业组调整到经济系，成立国民经济史教研室。国民经济史教研室就是今天经济史教研室的前身。1965年一度合并的经济学说史教研室和国民经济史教研室，在1978年复校后又分为两个教研室，国民经济史教研室也正式更名为经济史教研室。

（二）人员构成

经济史教研室（复校前称为国民经济史教研室）第一任主任是著名的外国经济史专家樊亢，孙健、刘淑兰、高德步、陈勇勤分别任第二到第五任主任，现任教研室主任为王珏。

1956～1966年，以国民经济史教研室为主体的经济史学科的教学和科研人员最多时达到17人的规模。他们分别是孙健、徐璇、全慰天、王衍臻、魏重庆、刘文娟、刘淑兰、孙云沛、曾捷、王方中、陈振中、张耀煊、梁漱莹、樊亢、孙瑞新、王化三、黄佩瑾。1978～1997年教研室人员进出频繁，老教师陆续退休，新进教师流出严重。先后在经济史教研室工作的教师为：孙健、孙云沛、全慰天、徐璇、刘淑兰、王方中、张耀煊、班宜春、陈建、陈秀山、尚晓媛、贺耀敏、卢锋、高德步、宋利芳、夏明方、陈勇勤。1997～2017年经济史教研室人员固定，基本保持4人左右的规模，不及教师最多时的1/4。其间四位老师分别是：贺耀敏、高德步、陈勇勤、王珏。2017年之后，中国人民大学经济史教研室人员规模又有一定的扩大。其间各位老师分别是：贺耀敏、高德步、陈勇勤、王珏、孙睿、孙圣民、杨成。

二　经济史学科的人才培养和课程体系建设

中国人民大学经济史学科始终坚持以党的指导思想为基础，始终注重对学生基本理论功底和实际应用能力的培养，通过不断更新教学大纲、编写全新教材、改进教学方法、建立硕士生导师双向选择制度、规范研究生开题报告制度、完善博士生入学考试命题和中期综合考试制度、坚持几十年如一日地组织学生到基层和实际管理部门开展专业实习等措施，较好地实现了培养高层次人才的目标，为国家培养了一大批经济建设所需要的人才。

（一）新中国首批马克思主义指导下的经济史教师人才培养

1953～1956 年，由尚钺牵头开办了中国近代经济史研究生班。其中的很多人成为新中国成立后经济史研究的专家，引领了当时的经济史研究。例如，中南财经政法大学的赵德馨和周秀鸾、南开大学的郭士浩、上海财经大学的叶世昌、中国社会科学院经济所的陈振中、四川财经学院的钟振和侯宗卫、辽宁大学的于素云和张俊华、中国人民大学的张耀煊、兰州大学的魏永理等。

（二）学生培养

1. 注重教学：全面系统的课程体系

中国人民大学经济史学科在发展中形成了以中国经济史和外国经济史为核心课程的教学培养体系。1953 年到 1978 年复校前，中国国民经济史、外国近现代经济史是很多财经类专业本科生的必修课。1978 年复校后，经济史本科课程进一步固定为中国经济史和外国经济史两门，并且一直作为本科生的专业必修课（共 4 学分），形成了长达 40 多年一以贯之的教学传统。

复校后，中国经济史面向全校开课。20 世纪 80 年代，经济史教研室的中国经济史课程连续多年被评为全校最受欢迎的课程之一，吸引了众多学子学习经济史。孙健、全慰天、王方中、贺耀敏、卢锋都活跃在教学第一线，其中贺耀敏获得"宝钢教育奖优秀教师奖"（1996 年）。20 世纪 90 年代末，经济史本科课程开设面缩小，一度仅限于经济系本科生。2016 年后，在硕士阶段，以"经济史专题"为核心的经济史相关课程，开始面向经济学院所有专业的学生。中国人民大学在经济学院的学生培养中，一直比较重视经济史方面的学术素养。

目前，经济史课程设置方面，本科阶段的专业必修课为中国经济史、外国经济史，各 2 学分、34 学时。硕士研究生阶段的专业课为：经济史理论与方法、经济史专题、中国经济史研究、世界经济史研究、中华人民共和国经济史、比较经济史研究，均为 3 学分、51 学时。博士阶段专业课为：经济史主文献研读、经济史理论与方法（博士），均为 3 学分、51 学时，形成了一整套系统培养学生经济史素养和经济史学科后备人才的课程结构。

2. 学科点的形成和发展

1960 年，经济史学科开始面向全国应届高中毕业生招收国民经济史专业本科生，学制为 5 年。在 1960 年和 1961 年开设了两个经济史本科生班。1965 年国民经济史本科专业第一批学生毕业。

中国人民大学复校之初，经济史教研室就开始招收硕士研究生，1979 年招收赵涛、尹协华、陈建 3 名硕士研究生。1981 年招收尚晓媛、姚开建、贺耀敏 3 名硕士研究生。自此之后，硕士研究生招生培养工作进入正轨。

1985 年起，中国经济史、外国经济史硕士点先后设立。外国经济史专业设有工业化与现代化比较研究和外国近现代经济史两个研究方向，中国经济史硕士点设有中国近现代经济史和中华民国经济史两个研究方向。主要专业课程有中国经济史研究、外国经济史研究、比较经济史研究等。

1998 年 6 月 19 日，国务院学位委员会批准了中国人民大学申报的理论经济学一级学科博士学位授权点。学校在一级学科授权范围内自行增设经济史博士学位专业授权点。高德步在 1999 年招收了经济史学科的第一个博士生。

目前经济史学科共有 2 个硕士研究生专业，研究方向有中国经济史研究、外国经济史研究和比较经济史研究，学制 2 年；有 1 个博士研究生专业，经济史方向，学制 4 年。

中国人民大学经济史在人才培养方面做出了积极贡献。50 多年来共培养各层次毕业生将近 300 人，为我国经济史研究的发展与人才培养做出了重要贡献。培养的各类人才均获得了用人单位和社会的好评。毕业生广泛就职于各高校、研究所、中央政府各部委机构、各省市政府机构、大型企业、各银行总部、大型外资企业等。有的已经成为高校和科研机构的学术带头人，有的已经担任重要领导岗位。中国人民大学经济史学科是我国经济史人才的培养基地、高水平经济史理论的研究基地，在国内高校中处于领先地位。

三　经济史教材建设

中国人民大学经济史学科主要是由教学的需要带动发展起来的，因此非常重视教材建设，有着编写优秀教材的优良传统。教材的编写集中在三个时期：（1）20 世纪 50 年代，部分综合性大学的经济系和财经院校先后开设了中国经济史和外国经济史课程，侧重近现代部分，配备了为数不多的教师。为了教学的需要，教材建设的任务迫在眉睫，因此集中开展了教材编写工作。（2）改革开放后，为了适应新形势、吸收最新研究成果，为中国经济史和外国经济史两门课程都编写了新的教材。20 世纪 90 年代开始，经济史学科在全国经济史教学和研究中居领先地位，所编写的《外国经济史》和《中国经济史》教材得到了全国很多高校采用，中国近代经济史和中华人民共和国经济史的教学水平也居全国的前列。（3）2004 年开始的"马工程"项目。马克思主义理论研究和建设工程是巩固马克思主义在意识形态领域指导地位的基础工程，是一项重大的理论创新工程，主要任务是把邓小平理论、"三个代表"重要思想和科学发展观作为研究重点，以重大现实问题为主攻方向，把马克思主义在中国发展的最新理论成果贯穿到哲学社会科学的学科建设、教材建设中，进一步加强马克思主义理论队伍建设。在这三个阶段，经济史学科都起到了带头作用，编写了一批优秀的教材。

（一）中国经济史教材

1. 20 世纪 50、60 年代的中国经济史教材

20 世纪 50 年代初，由教育部和中宣部联合组织的全国教材编选会议决定，高校经济史课程的教材，由中国人民大学经济史组和中国科学经济所经济史组负责组成编写小组，严中平任组长，孙健任副组长，人员集中在中央党校统一工作。这个小组拟定了教材编写大纲，搜集了资料。但因在编写教材的指导思想、完成时间上的分歧，这项工作未能完成。但中国人民大学经济史组在大家共同努力下，在 1956 年完成了《中国近代经济史》讲义和参考资料的编写。1962 年，中国人民大学国民经济史教研室编写了教材《中国近代国民经济史》，发行量或达 40 万册。

2. 20 世纪 80 年代的中国经济史教材

1985 年，政治经济学系改名为经济学系后，先后承担并陆续完成了由当时的高等教育部委托编写全国性教材的任务。1989年，中国人民大学出版社出版的孙健所著的《中国经济史·近代部分（1840—1949 年）》，被国家教委定为"高等学校文科教材"。凡是开设中国近代经济史课程的院校（包括中央党校），大都采用这个教材。1992 年，该教材获国家教委颁发的第二届"普通高等学校优秀教材奖"，是全国高校优秀的经济史教科书。孙健编写的《中华人民共和国经济史（1949—90 年代初）》获得国家教委第二届普通高等学校优秀教材奖。孙健 1999 年编写的《中国经济通史》三卷本，在经济史学界产生了重要影响。

3. 21 世纪的中国经济史教材

陈勇勤 2012 年的《中国经济史》以"需供管演进假说"为核心经济史范式来建构框架，分古代篇、近代篇和当代篇三大部分，各篇都由大致相同的五大支点即农业、制造业、商业、货币金融、财政构成。又用两章分别对古代、近代经济史和当代经济史进行反思，前一章引导读者思考不同制度与观念如何影响经济运行，后一章从就业、五年计划、现实经济走势三个角度引导读者关注历史经验与研究工具的结合。这本书观点新颖、视角独特、史论结合，是研究中国经济史的必读书目。

高德步的《中国经济简史》2013 年由首都经济贸易大学出版社出版。将中国经济史分为封建领主经济、世族地主经济、齐民地主经济、近现代转型经济和社会主义经济五个阶段，从整体上阐述了不同阶段的生产方式和经济关系，以及社会经济变革的过程。通过阅读这本书，读者可以较清晰地了解中国经济史的总体脉络。

同时，为了满足全国高等教育自学考试的需要，贺耀敏编写了《中国近现代经济史》教材（2008 年）。这本教材全面简洁地介绍了中国近代经济发展历程，不仅被广大的自学考试学生使用，还被很多院校作为本科生中国近现代经济史的教科书。

（二）外国经济史和世界经济史教材

1. 20 世纪 60 年代的外国经济史教材

1961 年，高等教育部和中宣部成立文科教材编选计划机构，组织中国人民大学、北京大学、武汉大学、南开大学、吉林大学、辽宁大学、河北大学等校的外国经济史教师十余人集中编写《外国经济史》（近现代部分）的统一教材，由中国人民大学的樊亢负责。团队历时 3 年，编成了一部包括三个历史时期（资本主义确立时期、帝国主义形成时期、两次大战之间时期），涉及英、美、法、德、日、俄六个主要资本主义国家和印度、拉美、非洲三个殖民地半殖民地地区的近现代经济史，篇幅 70 万字，于 1965 年由人民出版社分三册出版，初步建立了研究外国近现代经济史的体系。与同时代苏联和其他国家的同类著作相比，从基本观点、系统性、全面性来说，都是比较好的。其中，中国人民大学的樊亢起了主要作用，同时显示了集体协作编书的优越性。

2. 20 世纪 80 年代的外国经济史教材

改革开放后，"以经济建设为中心"激发了研究外国经济现状和借鉴外国历史经验的需要，这也推动了外国经济史的教材建设。刘淑兰主编的《主要资本主义国家近现代经济史》（中国人民大学出版社，1987 年）适应了新时期的需要，成为 20 世纪 90 年代学习外国经济史的主要教材。

3. 21 世纪的世界经济史教材

全球化的发展将世界连成了一个整体，将世界经济作为有机整体来看待经济发展的历史成为全世界经济史研究的潮流。2001 年，高德步、王珏合著的《世界经济史》教材（2016 年已更新到第四版）被列入国家"十五""十一五"重点教材，并被全国大多数财经类院校使用，反响良好，目前累计发行了 100 多万册。

2012 年，高德步担任"马工程"《世界经济史》教材编写的首席专家（唯一首席），《世界经济史》教材已由高等教育出版社于 2019 年出版发行，全国各大院校也已普遍采用。

四　中国人民大学经济史学科科研历史

中国人民大学经济学科，教学相长，一直致力于学术研究，积极回应现实和理论界热点问题的讨论，取得了丰硕的学术成果。最重要的是对经济史问题的理论探讨和经济通史的研究。

（一）通史研究成果

1. 中国经济通史

孙健的《中国经济通史》（三卷本，2000 年）主要阐述从远古时期中国古人类出现，到公元 20 世纪末止，中国社会经济发展、演变的历史过程和规律。全书共分三卷，上卷主要阐述中国原始社会、奴隶社会和封建社会三个社会形态下社会经济的发展、演变。中卷介绍了 1840～1949 年中国经济的发展状况。下卷则阐述了 1949 年中华人民共和国成立至 20 世纪末中国社会经济发展的历程。该书出版后获得了社会的好评，《中华读书报》2001 年 4 月 18 日刊发的书评中写道："这是我国第一部全面阐述中国从远古至今社会经济发展演变的大型经济史专著，它是孙健教授几十年辛勤耕耘、潜心研究所结出的丰硕成果，是一部高水平的学术专著。"

2. 世界经济通史

高德步、王珏的《世界经济通史》（三卷本，2005 年）拓展了世界经济史研究的时空范围，将世界经济史置于人类社会经济发展的历史长河和广阔空间中来认识和把握，并体现经济发展历史与逻辑的统一。《世界经济通史》将农业革命以来的世界经济史分为传统经济的演进、经济现代化进程、现代经济的发展三个阶段，用不同历史阶段重点阐述不同的核心经济形态及其演变，研究和阐述了人类社会的经济发展、制度变迁和社会进步的成就，以及不同民族在历史上的经济交往、竞争与冲突、融合和创新的过程，体现了世界经济发展的单线式和多线式的统一。用全球史观，在世界经济史的时空坐标上，研究和阐述了中国经济发展和制度变迁的过去、现在和未来，是目前国内该领域较高水平的学术专著。

（二）中国近代经济史的理论分析

1. 确立了中国近代经济史的阶段划分

孙健在 1989 年出版的专著《中国经济史——近代部分（1840～1949 年）》中，将中国近代社会经济的发展划分为三个阶段：第一阶段（1840～1894 年）是由封建制度开始向半殖民地半封建制度转化的阶段，第二阶段（1894～1927 年）是中国半殖民地半封建经济完全形成并不断加深的阶段，第三阶段（1927～1949 年）是中国半殖民地半封建经济崩溃，新民主主义经济产生、发展、壮大以及在全国范围内取得胜利的阶段。这一划分历史阶段的标准和时间得到经济史学界的广泛认可，并一直沿用至今。

2. 全面系统论述中国近代经济史。

王方中 1982 年完成了《中国近代经济史稿（1840—1927 年）》，出版后在学术界反响良好。该书以 40 多万字的篇幅对 1840～1927 年的中国经济史进行了较全面的论述，这在当时是不多见的。该书第一次提出了民族资本主义工业进步性的几个体现方面，对自然经济瓦解过程的复杂性、曲折性的论述也颇有特色。这本书对中国近代经济史的教学工作至今仍具有较高的参考价值。

孙健 1989 年出版的专著《中国经济史——近代部分（1840—1949 年）》阐述了从 1840 年鸦片战争开始到 1949 年中华人民共和国成立期间，中国半殖民地半封建经济的产生、发展、崩溃，及其最终为新民主主义经济所代替的全部历史进程。全书 66.7 万字，出版后在学术界产生了很大影响。

全慰天在《中国民族资本主义的发展》中，比较全面地考察了中国民族资本主义发生、发展的历史过程。该书以翔实的史料，充分论证了中国在鸦片战争后的百余年间，在发展资本主义的道路上没有走通、也不可能走通原因，因此证明了实行新民主主义革命是必然的。

同时，也有一系列研究成果对近代经济史中的重点和热点问题进行了回应。例如王方中从 20 世纪 80 年代末至今，就 20 世纪 20、30 年代的经济史一共发表了 10 篇文章，涉及的问题包括外债、民族工业、手工业、盐法、对外贸易、国内贸易、农村地价、军阀混战对经济的破坏等等。

其他有影响力的研究成果包括魏重庆的《近代中国买办资本的发展和买办阶级的形成》，陈勇勤的《近代中国经济史三阶段论》和《1911—1937 年中国经济与政府、企业、居民所构成的连环型互动关系》；孙瑞新的《三十年代初期中央苏区财税工作的整顿》和《〈辛丑条约〉与中国半殖民地半封建财政》，王化三的《鸦片战争时期外国资本主义对广东地区的经济侵略》等。

（三）中华人民共和国经济史和中国特色道路的研究成果

中国人民大学在新中国经济建设的经验总结和理论探索中一直处于前沿地位。60 年代，孙健的《中华人民共和国经济史稿（1949—1957 年）》，是国内最早的关于中华人民共和国经济史的系统研究成果，这本书又于 1980 年再版。《中华人民共和国经济史稿（1949—1957 年）》是关于 1949 年新中国成立到 1957 年第一个五年计划完成时期的经济史专著。1992 年，孙健出版了《中华人民共和国经济史（1949—90 年代初）》，除了阐述 1949 年之后的共和国经济发展以外，还突出了改革开放以来中国社会的突飞猛进。该书是国家教委"七五"规划的研究项目，1995 年获国家教委高等院校优秀教材奖。

贺耀敏参与主编的《中华人民共和国史长编（全九卷）》

（天津人民出版社，2010）是对共和国历史的编年性、系统性的梳理。贺耀敏主编的《六十年国事纪要·经济卷》（湖南人民出版社，2009）记录了新中国成立60年以来中国经济史上的重大经济事件。全书共分36章，内容包括：新民主主义、"三大战役"、第一张蓝图、向社会主义过渡、冒进与"反冒进"等。贺耀敏主编的《春潮涌动：1984年的中国》对经济体制改革关键年份的经济体制改革进行了深入分析。另有主编的《中国经济》（日文版）等，形成了一系列在新中国经济史研究中有重要影响力的学术成果。其中《中国经济发展的轨迹》已被翻译成英文、俄文、波兰文、印地语等10余种文字在国外出版，产生了一定的影响，在对外阐释中国道路和发展模式中起到了很大作用。在对外传播方面，贺耀敏的《中国经济》和陈勇勤的《改变中国——中国的十个"五年计划"》都产生了重要影响。

贺耀敏发表的《党在建国初期的工业化战略与农业合作化关系研究》《我国向市场经济体制的艰苦转变》《邓小平和中国经济发展'三步走'战略》《邓小平对中国经济发展战略的积极探索》《"三步走"战略是中国实现现代化的必然选择》《新民主主义经济理论的杰出实践者》《陈云对我国经济建设规律与道路的艰苦探索》等论文，以及《共和国经济建设的高级工程师：袁宝华》和有关袁宝华访谈文章，都为共和国经济史研究做出了贡献。

（四）社会经济史的研究成果

1. 关于有无封建以及传统社会理解的问题

《谁说江南无封建？》一文是1951年土地改革运动高潮中，全慰天与他的老师、清华大学社会系主任潘光旦教授到苏南农村访问一个半月后合作完成的成果，在《人民日报》连载三天，它是对当时流行的"江南无封建论"的有力答复，认为江南不但有封建，而且"封建得厉害"。该文材料极其丰富、具体和生动，影响甚大。毛主席曾和潘光旦当面谈及该文，并大加称赞。此文出版过单行本。

孙健在1980年出版的《资本主义以前的社会经济制度》（上海人民出版社，1980）中，本着"历史的科学"的原则，分别阐述了资本主义以前三种社会形态的经济制度的基本特征和发展规律，很快成为学习研究经济史和政治经济学的重要理论参考书。

贺耀敏在《跨世纪的农业》（中共中央党校出版社，1994）、《中国古代农业文明》（江苏人民出版社，2018）等书中，深入研究了中国传统农业经济的发展演变及其特点，从传统农业的诞生、特征与优势，农业的知识和技术体系以及土地关系和所有权结构，水利工程，农业政策措施以及农业扩张，农业社会的思想与文化等方面，指出了农业文明与当代中国经济社会发展之间的关系，形成了一套对中国传统农业的独特解释系统。

2. 对东西文化研究的贡献

全慰天在《中西文化之别》一文中，认为中国文化与欧洲文化既有共性，又有区别。中西方文化最大最重要的特点或差别是"中国文化是大陆文化，是封闭型的；而欧洲文化是海洋文化，是开放型的。具体地说，依次是大陆与海洋之别，是农业与商业之别，是家庭与城邦之别，是独裁与民主之别，是知足常乐与无厌追求之别，是静与动之别，是和平与战争之别，是停滞不前与迅速发展之别等"。这些差别都是相对的，不是绝对的。基于上述差别，拥有数千年光辉历史的中国一直没有发生产业革命，而发生产业革命的却是英伦三岛。所以中西文化在近代接触交流中，主要不是大陆封闭型的中国文化西去，而是海洋开放型的欧洲文化东来。该文认定中国文化肯定有其光明前景，孔子将在和平年代被抬到崇高的地位。

3. 关于民间传说与社会现实问题

全慰天在《从"牛郎织女"看中国社会》一文中，通过研究大量历史文献考察这个故事在中国社会中广泛流传的轨迹，并详细考察了中国社会的实际情况，论证了古代封建社会和近代半殖民地半封建社会都主要是分散落后的小农经济的汪洋大海，也就是牛郎织女的汪洋大海。存在决定意识，牛郎织女故事或神话正是这一社会现实的反映。全慰天还研究过以王麻子剪刀为代表的民族企业，编写过《王麻子刀剪业史料拾零》。

4. 关于对资本主义经济社会的反思

高德步的《西方世界的衰落》从理性概念出发，通过理性的同化与异化分析，研究了西方资本主义兴起与衰落的内在机理，对资本主义经济社会进行解构。作者认为，西方资本主义兴起的过程就是理性同化的过程，但是西方资本主义在兴起过程中就埋下了理性异化的祸根。随着理性同化的完成，理性异化的力量逐渐显现和扩大，并导致一系列矛盾和冲突。在此基础上，作者对资本主义自由市场经济、现代经济增长方式、资本主义制度的合法性以及资本主义全球化进行了剖析和批判，并得出西方资本主义正在走向衰落的结论。《西方世界的衰落》运用马克思主义的基本方法，对资本主义兴起与衰落的历史趋势和必然性进行阐释，对资本主义制度"与生俱来"的矛盾进行剖析和批判。在此基础上，作者对资本主义自由市场经济和现代增长方式进行了系统的反思。在书中，作者提出了与当下流行的理论很不相同的观点，体现了批判精神和独立思考。

5. 中国经济思想史的研究成果

（1）《中国价值的革命》

高德步的《中国价值的革命》研究了中国历史上价值思想的演变和价值传统的形成，并在此基础上提出当代中国价值革命的目标和任务。该书认为，中国历史上经历了三次价值革命，并由此形成了独特的价值传统即中华道统。近代以来，中国经历着历史上的千年未有的巨变，也经历着第四次价值革命，而当下的重要任务就是中国价值传统的重建。

（2）《中国经济思想史》

陈勇勤的《中国经济思想史》的研究对象侧重于"有关经济主题的较为零星的看法"，它的着眼点就是把这些"看法"归纳整理和再现出来。全书采用以"主要思想因子"为线索的章节结构，分为四篇：封建（领地）农业经济时期经济思想、春秋战国经济思想、半殖民地弱资本主义工业经济时期经济思想、社会主义工业经济时期经济思想。陈勇勤在中国经济思想史方面的重要研究成果还包括：《文明标识、传统理念与东西方经济文化的基因》《中国共产党80年经济思想的主线》《从文化与价值关系上思考价格问题》《经济变动所包含文化因素的同质性和异质性问题——以东北亚中国、韩国、日本经济高速增长现象为例》等。

6. 近五年新的研究领域拓展

（1）全球视野下的科技史与人力资本发展

王珏长期致力于对科技革命和技术人员的研究，所涉及的领域有技术、人力资本与世界经济发展变迁，中国传统社会中的技术、价值与人力资本问题。以王珏为首的科技史团队，已经完成了对"二十四史"中科技人员信息的数据化工作并形成了一些研究成果。专著《技术与国家地位：1200—1945年的世界经济》获得了国家社科基金后期资助。代表论文《地理大发现与摆脱马尔萨斯陷阱的条件》发表在2010年《世界经济》上，《中国转变为现代国家的途径：工业化、学习策略与体制选择》发表在2018年的 *Revue Francaise D'Histoire Economique*（《法国经济史评论》）上。

（2）经济学与经济史的范式研究

孙圣民在 2012 年入选教育部新世纪优秀人才支持计划。其主要研究领域包括制度经济学、发展经济学、经济史范式研究、经济思想史与经济哲学等。专著《经济学范式的应用：基于经济史研究的分析》，获得了国家社科基金后期资助，2019 年由社会科学文献出版社出版。该书考察了国内和国际经济史研究中经济学范式的应用，以诺斯开创的新经济史学为例，分析了其成果制度变迁理论。该书以诺斯、阿西莫格鲁和马克思等为例，综合分析制度变迁理论，并结合案例研究，如井田制、计划经济时代的工农关系、1978 年中国农村土地产权制度变迁以及家庭联产承包责任制等案例，通过模型化分析，阐述了应用制度变迁理论。孙圣民的代表论文有：《历史计量学五十年：经济学和史学范式的冲突、融合与发展》（《中国社会科学》，2009 年），《中国土地产权制度对农业经济增长的影响》（《中国社会科学》，2005 年），《对国内经济史研究中经济学范式应用的思考》（《历史研究》，2016年），《家庭联产承包责任制与中国农业增长的再考察：来自面板工具变量法的证据》（《经济学（季刊）》，2017 年），《佛教信仰、商业信用与制度变迁——中古时期寺院金融兴衰分析》（《经济研究》，2018 年）等。

（3）全球视野中的中西发展比较研究

杨成是剑桥大学人口史与社会结构史研究所、环境史中心、历史学系、地理学系与东亚系联合培养的首位中国博士。研究集中在中国长期经济发展规律、世界各经济体间长期存在的巨大的经济差异的根源（“大分流”问题）上。2015～2018 年，“1736～1898年中国人口职业结构研究”已获得剑桥大学和英国、欧洲相关学术基金会的多项重要基金资助［如连续 5 年获得艾伦·麦克阿瑟科研基金（Ellen McArthur Grant）、历史委员会科研基金（Members History Grant）、英国大学中国研究学会研究基金博士研究基金（UCCL Grant）、蒋经国国际学术交流基金会博士论文奖学金（CCKF）〕。2019 年 4 月，杨成获得了国际经济史学界对经济史新人的最高认可、最高荣誉之一——经济史学会年度新人奖（2019 New Researcher Prize of Economic History Society），是近 50 年来首位获此奖项的中国学者，亦是首位从事中国经济史研究的获奖人。

（4）近代中国转型以及商业、金融发展

孙睿的研究领域是市场结构与组织、国家治理、近代社会转型以及金融业发展等，同时也关注中国发展的特殊性和研究范式问题。专著《组织、市场与国家：近代天津钱业公会与经济秩序建构》在 2017 年由中国社会科学出版社出版，主要以近代天津钱业公会与市场秩序为例，阐述了天津民间金融业在市场秩序构建中的发展、变迁以及近代国家与市场秩序的重构，同时也是对北方金融业研究的一个扩展和补充。孙睿的代表论文有《市场力量与行业组织：对近代天津钱业清算习惯的研究》（《中国经济史研究》，2016年），《民间中小金融机构的生存启示——以 20 世纪 30 年代北平地区印子钱为例》（《北京社会科学》，2014 年），以此为基础获得了2018 年国家社科基金青年项目的支持，并由此延伸出对经济史研究范式问题的探讨，如《关于经济学本土化的几点思考——以经济史为视角》（《齐鲁学刊》，2016 年），Chinese Model and the Choice of Development Path：A Perspective from Economy History（第一作者）发表于 *Revue Franaise D'Histoire Économique*（《法国经济史评论》，2019 年）。

五 科研活动情况

（一）国内学术交流

20 世纪 50 年代，中国人民大学的课程基本由苏联专家讲授，经济史学科也不例外。20 世纪 50 年代，孙健邀请中国经济史专家傅筑夫先生给国民经济史教研室的教师授课及招收研究生。此外，经济史学科还积极与历史专家进行交流沟通，黎澍、尚钺、尹达等著名历史学家参与了国民经济史教研室组织的研讨交流，并给经济史研究生班上课。1984 年，经济史教研室和孙健受当时教育部社科司委托举办经济史研讨班，邀请严中平、陈振汉、汪敬虞、李文治、吴承明、彭泽益、张国辉、聂宝璋、宓汝成、孔经纬、陈正书等著名专家到中国人民大学演讲、参会、研讨。

2015 年，王珏组织了双周的经济史和经济思想史工作坊，邀请国内外专家学者进行专题学术演讲和讨论。不仅吸引了研究经济史和经济思想史的教师、硕士生、博士生参与活动，还吸引了其他专业、其他学院和其他学校的师生参加。已有来自伦敦政治经济学院、法国索邦大学、清华大学、北京大学、南开大学、中国社会科学院等机构的 20 多位专家学者进行了专题演讲。例如，伦敦政治经济学院邓钢教授的 "Historiography of Chinese Economic History in the West"，中山大学滨下武志教授的 "近代东亚金融市场研究的诸课题：从白银问题看"，清华大学龙登高教授的 "地权市场与家庭农庄" "法人产权、民间组织与基层秩序"，中国人民大学关权教授的 "近代中国的工业发展：与日本比较" 等。

同时，经济史学科每周以读书会形式，组织学生学习经典文献以及前沿文献。读书会的形式为一人领读、讲解，所有成员阅读、讨论，并由老师进行专业点评，以求"教学相长"。自 2019 年 9 月发起以来，经济史读书会逢单周举行，至今已历 8 期。讨论文章内容均来自 *The Journal of Economic History*、*Economic History Review*、*The Explorations in Economic History* 等国际顶级的经济史期刊，涉及内容包括科举制度的长期影响、人力资本理论、创造性破坏等问题，显著提升了经济史专业学生的学术活力，激发了学生的学术热情。

（二）经济史学会工作

教研室教师积极参加学术活动，并受邀参加学术研讨会、受邀到兄弟院校做讲座、讲课。其中，一些教师定期参加经济史学会举办的会议，并承担了一部分学会工作。孙健参与筹划了中国经济史学会，曾任副会长。从 20 世纪 80 年代以来，中国人民大学经济史学科有如下人员担任重要学术兼职（见表 1）。

表 1　中国人民大学经济史学科团队学术兼职情况

学会名称	学会等级	担任学会职务	担任职务人员姓名
中国经济发展改革研究院	全国性	副院长	高德步
中国经济史学会	全国性	常务理事	高德步
中国经济史学会外国经济史专业委员会	全国性	副会长	高德步
中国经济史学会	全国性	理事	贺耀敏
中华人民共和国国史学会	全国性	理事	贺耀敏
中国经济史学会	全国性	理事	陈勇勤
中国经济史学会外国经济史专业委员会	全国性	副会长	王珏

（三）参加国际学术会议

教研室教师多次出席国际会议。其中，1986 年孙健受中共中央对外联络部委托，出席在南斯拉夫举行的"社会主义和经济"

国际学术研讨会。参加会议的有 41 个国家的 150 多位学者。孙健被推举为大会主席团成员，作了题为"中国的经济体制改革与社会主义经济发展"的报告，引起与会代表们的强烈反响。孙健还应邀到铁托政治学院作报告。南共联盟中央书记斯塔金诺维奇专门宴请了中国代表。

2000 年之后的国际学术交流中，王珏在 2012 年出席了在南非召开的世界经济史大会并做演讲。2016 年参加第一届世界商业史大会并做演讲。2017 年，王珏团队受邀参加于奥地利维也纳举办的第 21 届欧洲商业史学会年会，提交论文题目为"China's High-speed Rail：From Technological Catching-Up to Innovation"。欧洲商业史年会是欧洲商业史学会（EHBA）主办的最重要的年度学术活动，也是欧洲经济史领域的前沿盛会之一。

世界经济史大会是当前国际经济史领域学术地位最高的会议之一，是国际经济史学界的盛会。作为世界经济史大会分论坛的组织方之一，孙睿代表经济史教研室参加了在波士顿举办的第 18 届世界经济史大会并发言，题目为"Chinese Model and the Path Choice of Economic Development：An Economic History Perspective"，并参加了 2017 在日本早稻田大学举办的预备会议，提交的论文题目为"How to Construct the Marketing Orders？A View on the Business Guilds During 1500 – 1945 in China"。这些活动均促进了国际同行对中国经济史研究与发展情况的了解。

六 "经济与历史"系列会议

2015 年起，以"经济与历史"为主题、国内首次同时讨论经济思想史与经济史学科发展的学术研讨会，由中国人民大学经济学院经济史教研室和经济思想史教研室主办，至今已经历 5 届，学界反响良好。研讨会已经成为经济史与经济思想史领域学术交流的重要平台。研讨会每年举行，推动了中国经济学界对经济史和经济思想史的教学研究，有助于促进创建中国的经济学理论体系和学术话语体系、思考和回应现实热点问题。研讨会也得到了兄弟院校和学界的大力支持，经常参会的有《中国经济史研究》杂志、北京大学、清华大学、中国社会科学院、南开大学、复旦大学、河南大学、云南大学、中央财经大学、上海财经大学等。

历届"经济与历史"研讨会的主题如下。第一届（2015 年）是"在中国经济学中如何加强历史研究和教学"，第二届（2016 年）是"中国经济学体系的历史建构"，第三届（2017 年）是"中国经济发展模式与世界经验的历史审视"，第四届（2018 年）是"技术、企业、政策与中国现代化道路"，第五届（2019 年）是"历史实践与理论创新"。研讨会紧紧围绕着经济学教学和科研中的问题，针对经济学对中国特殊性的中国经验解释力的不足，以对历史经验的探索为基础，不断推进经济史学的理论、研究范式和视阈的创新与展开。在此基础上，"经济与历史"研讨会形成了以下共识。

（一）经济学研究必须重视和加强历史研究

自 20 世纪 50、60 年代西方经济学经历了数学形式主义革命之后，经济学的历史主义传统便逐渐受到侵蚀乃至被破坏和抛弃。经济学逐渐成为一门由数学形式主义所支配的"数学科学"，开始忘却历史、抛弃传统和无视现实，经济学中的历史教学和研究也随之日渐式微、后继乏人。而离开了历史、离开了具体的历史条件，任何经济理论都没有意义。学者们支持吴承明先生关于"经济史是经济学的源而不是流"的观点，认为经济史理论是对经济发展经验的抽象和深化，同时经济史研究还为检验和修正经济理论提供了可能性。经济学是对实践经验和历史发展规律的总结，所以任何总结出来的规律都不应该是超历史的。只有研究人类行为规律的历史背景，才能理清历史形成的交互关系，在这样的历史基础上才能正确地总结出经济规律。对历史的考察有助于完整地、正确地把握过去的经济思想。经济学需要有现实关怀，是科学和人文精神的统一，具有逻辑分析和价值取向双重特征，而经济学研究者的人文精神和价值取向往往与其历史观和历史视野密切相关。经济史研究能够为当前的经济学研究提供问题。经济史研究还为发现、检验和修正经济理论提供了可能性。当一些历史现象与经济学原理相悖时，应当去思考经济学原理的正确性，包括其约束条件和逻辑推导，进而相应地对其加以修正和发展。因此，中国经济学教育中对历史的忽视这一问题，是需要引起重视的。

（二）经济史教学和研究中的经验与问题

通过对实际教学和研究经验的总结，学者们认为存在以下值得思考的方面。

1. 理性看待经济学的量化方法在经济史研究中的运用

不能过高评价计量方法在研究中国历史中的作用，要重视微观层面的研究，防止过分量化套用概念。经济史研究方法要有包容性，视野要开阔，多与其他学科联系，研究方法还要多样化。量化经济学和量化经济史十分热门，但这不是最重要的方法，也不是唯一的方法。要避免使用低劣的数学方法，这不代表不用数学方法。对有些问题，案例分析方法就已足够，对有些问题，描述性统计能够解决，应该坚持"史无定法"。

2. 学生培养中的综合与专业问题

首先，经济史是经济理论的基础，经济史的意义和作用是能够使得学生掌握学习经济学必要的历史知识和背景。在教学与培养中，需要先掌握特征性事实，才能有高质量的规律概括，不能简单套用规律。在教学当中要加强引导，要有方法论和思维训练，历史、统计、理论缺一不可。

其次，历史思维在经济学中十分重要，经济学需要历史感的调和。经济史研究也要有哲学基础。要以历史感教导学生，从热点问题入手引导学生真正做到"经世致用"。经济史研究往往周期较长，应该注意不要让学生被宏观的结论所迷惑，要扎扎实实做自己的研究。同时对中国内外的发展都要重视，可以进行小问题、多角度的研究。但是现在学科划分太细，仅仅从经济史的角度研读经济问题是不够的，例如对拉美经济不发达的原因，需要各个方面的知识来解释。因此经济史学科人才需要更加综合的能力，对经济史成果产出要有耐心，不宜与其他专业用同一个标准，一定要双专业同修——经济学和历史学的基础都要具备。对于本科生，重点是培养学生学习兴趣；而对于研究生，则必须有深入、分专题的研究。

3. 经济史与经济学体系关系的现实问题

学者们强调，经济史是独立的学科。但是，职称评价的功利化以及经济史逐步成为经济系的"显学"，导致了教师在研究中应用的方法必须满足经济学的要求。比如研究中要有因果识别，要运用现有的数据，构建"奇怪"的工具变量，进行各种数据挖掘，剔除不好的结果，展示好的结果。这实际上可能会导致没有研究真问题。这种"实证研究"无法触及真正有价值的问题。这种状况需要整个经济史学界共同努力来改变。

4. 历史地构建中国经济学：理论解释和话语体系

首先，当今中国的经济和社会发展经验，并没有得到学术界真正意义上的全面探讨和阐释。中国的经济社会面临许多问题，这些问题可能很多都没有得到解决，需要学者从自己的经历和感受中提供一些有价值、有思想的建议。因此建立能够阐释中国特色社会主义经济建设规律的经济学体系是当前的迫切需要。目前在中国影响较大的经济学理论体系都存在各自的局限，因此有必要构建中国特色经济学体系。经济史学科发展中的碎片化和去理论化，也使得构建话语和理论体系显得至关重要。之前经济史学科的主要的研究成果很少关注中国经济历史进程的特殊性，因而有必要通过取得中国经济史的话语权来推动经济学理论创新。

其次，中国经济建设的实践经验是建设中国经济学理论和话语体系不可或缺的历史支撑。对中国当代重大问题的研究不能脱离历史，中华民族的长期历史发展决定了中国现代和当代重大问题选择的背景。经济学具有历史相对性，构建中国经济学体系必须研究中国的具体国情和悠久历史，强调在道路选择中的历史因素，而不是普世价值。必须破除西方中心主义，摆脱各种教条主义经济学范式的束缚，尤其是"西方主流经济学范式"和"苏联政治经济学教科书范式"，敢于怀疑和批判现有的经济思想和学说。现有的大部分经济思想和学说都是在外国的制度环境下产生的，不一定能照搬到中国。只有这样才能避免经济思想和学说的"非历史主义"倾向。在立足于中国国情的基础之上，有必要积极借鉴国外各种经济学说和经济学研究方法，尤其是坚持马克思主义的历史主义，坚持马克思逻辑与历史相统一的研究方法。在借鉴的过程中应处理好"西学"和"东渐"之间的关系，需要注意国外理论运用于中国时的差别性以及适用性，重视中国自身的特点和特有的制度，通过中西比较厘清西学中符合中国历史国情和现实国情的合理成分，摒弃或修正其中不符合中国历史国情和现实国情的成分。如此一来，可以在历史和前人的理论中寻求论据支持，增强理论自信。学者们应该研究和理解中国的历史国情和现实国情，解决发展中的经济问题，特别是一些重大问题。要挖掘和利用中国独特的传统历史资源，包括经济史和经济思想史资源，为中国式发展道路的形成、演化提供阐释。

最后，在实践中，可以以推动中国经济学话语和教育体系改革为突破口，通过本土化与多元化的结合，以挖掘中国经济发展道路的历史基因为线索，以凸显人文传统和价值基础为着眼点，建设中国经济学体系。

（三）全球视野下的比较研究与中国特色

建立在欧洲、北美等地区工业化历史经验基础上的经济学理论需要受到质疑，包括中国、印度、巴西等新兴经济体的发展与崛起，构成了对这些理论范式的修正和挑战，文化因素也应被考虑在内。因此，从历史视角出发，对中国经济发展模式的探讨还远未结束，而旧有观念中的误区也需要得到澄清。世界经济发展模式更需要中国经验的支撑和检验。中国应以更自信和科学的态度，构建既适合自身发展模式又能够与世界发展进程兼容的理论与话语体系。

长时段和全球视角，给了中国经济史研究一个新的探讨空间。从明清、民国到当代的长时段来考察，首先需要对传统向现代的转型历史阶段有更深入的思考，以及对西方经验与中国实践差异的反思。应该理解当代中国经济的实践特征，它具有明显的阶段性，并且政府与社会的角色是多层次的。这也构成了现代化进程中的政府与社会关系的一种新的范式。"现代化"作为一个历史事实，是由欧洲开始并完成的。因此基于欧洲经验而抽象出的现代性，便自然而然成了参照系。在急迫的追赶中，中国形成了在"现代性"参照谱系下对自我和时代的认识，虽然很必要，但或许未必合理，并且对长时段中的中国发展过程的理解也未必全面。中西历史的差异，不应由宏大的观念和"先进—落后"等简单的二元性来定义，而是需要深入事实，观察中西不同的发展路径，寻找融合和变迁的可能。相关发现包括对中华文明与海洋关系的重新发现以及中国的三次"向海"（苏文菁）；用西方经济理论来阐释近代中国工业化，类似于一种"时代错置"（梁华）；技术进步和经济增长的现代科学技术知识，是在西方文化和思维背景下诞生的　而对社会精英的评价和价值引导也导致了中西不同的选择（王玉）；中西方利息思想比较中，西方有极端的转折而中国相对平和，西方存在从放任到宏观调控的过程，中国在利息上一直有国家干预的色彩，但中国相较西方缺乏对利息本质的探讨，并因此在近代受西方影响颇深（张亚光）等。这些研究都在重新发现和阐释中国历史经验，也是对构建中国特色的经济学体系进行的探索。

（四）传统中国经济历史过程的理解

学者们也逐步用新的视角和方法探索传统中国经济历史过程。例如，在对制度和文化的理解中，以实行数百年科举制为例，可以发现制度可以通过文化产生非常长期的影响，在明清时期，进士越多的府，在现在相应的地理区域，人们受教育的平均年限更长。这种文化会通过家庭教育、教育结构、社会资本等沿袭下来（龚启三）。在货币问题上，古代中国政府信用货币的发行方式不具有稳定性和约束力。从信用货币与对政府约束的角度，这样的货币发行方式缺乏相应的制度约束（何平）。在对国家制度结构的探索中，盛唐中国表现为宏观上大一统国家管理社会能力增强，微观上表现为佃客生产，增强了对小农的保护，正式制度与非正式制度实现了良好互动，国家的法律和儒释道的结合、宏观调控与微观机制的结合为盛世奠定了基础（周建波）。

中晚唐时代的"牡丹花泡沫",说明当时社会存在多种层次的消费者,也出现了远期合约,有价格疯狂上涨所需的时间、炒作和民间交易,也间接说明出现了商业的繁荣(袁为鹏)。近代中国统制经济思想的发展有很强的阶段性,20 世纪 30 年代统制经济受到追捧,20 世纪 40 年代则是统制经济和市场机制结合时期,1945 年则是有计划的自由经济,统制经济成分不宜过高(关永强)。社会转型和国家重建方面,基层商业组织在西方的冲击下经历了现代转型,而国家在重建中表现出某种"强控制"的趋势,需要国家和社会重新定义自身。延续至近代的民间信用贷款作为钱庄的主要业务,表现出某种稳定性、独立性特征,信用贷款的传统,是在习俗上衍生出的一整套制度规则,背后指向了中国社会偏重与人相关的要素而西方社会偏重资本管理这一差异化选择(孙睿)。这些研究均从各自领域对中国的经济社会发展特征进行了梳理和解读,提供了一些新的理解角度。

(五) 现当代中国经济发展经验与思考

对现当代中国发展经验的探讨一直是与会学者最关心的问题之一。例如,在对中国工业化的阐述中,中国工业化发展被描述为一个赶超过程,从近代开始便是如此。供给侧改革便是中国外部市场扩张受到阻碍、必须转向内部结构升级的关键。在历史上,为抓住中高端的市场机会,中国必须依赖实体经济;新中国成立之初对资本主义工商业的社会主义改造中,对服务于农村或城市民众日常生活的中小企业的改造,可能是引起后来短缺经济的一个重要的因素。而像机械工业、纺织等,对其进行适当的国有化或者规模的集中也是对的(关权)。中国社会主义公有制经济的发展道路证明了,如何以经济稳定健康发展为指导原则确立公有制经济合理的比重,仍然是一个在理论和实践上需要探索的问题（赵学军）。改革思想的前期酝酿，是在 20 世纪 70 年代末到 80 年代初的中外交流中进行的。中国的学术界以一种拿来主义的开放心态广泛吸收不同流派的思想，并进行本土化的改造，从而实现了理论的更新（魏众）。对新中国金融体系建立的历史过程的探索，对我国当前和未来金融业"共融"和"普惠"发展有一定的启示（兰日旭）。非正式规范、信念的沿袭，政治结构的遗存通过马克思主义的传播和革命根据地的传统，对今天的国家治理产生影响（孙圣民）。这些对新中国经济发展经验的探索，构成了对中国道路和中国经济历史与现实话语体系构建的有益尝试。

总的来说，"经济与历史"系列研讨会，已经成为国内经济史和经济思想史学界公认的高水平学术交流平台。研讨会坚持兼容并包、关怀现实、立足全球的宗旨，推动经济史学界的交流与交锋，引发对历史和当下的思考。在一个理性、综合、批判的视角中，加深了对中国道路的理解，推动了相关理论探索。

七　中国人民大学经济史学科的特色与发展

中国人民大学经济史学科与新中国共同成长，在回应国家和社会的需要中，逐步发展出自己的学科特色与风格。经济史学科始终坚持人才培养为上，对学生的培养既综合全面，又对各个专业领域有深入的探索。同时，对重大历史和理论问题的回应，对整体史、通史的研究，也构成了中国人民大学经济史学科的一大特色。在研究存在碎片化、解构化倾向的今天，对整体和结构的把握至关重要。同时，在专业领域的研究中，因为教师有着整体史的教学经验，因此在各自专业领域均具有更加宏大的视野和全球史观，在教学相长的过程中，经济史学科在各个专业领域的学术研究和国内外的学术交流中具有重要的影响力。同时，近年来所举办的"经济与历史"研讨会的意义和影响，逐步被学界承认，成为思想交锋和形成共识的重要交流平台。中国人民大学经济史学科将在前人的基础上，兼容并包，不断发展，为更好地理解中国的历史和当下发展、为人才培养和学术发展做出贡献。

上海财经大学经济思想史、经济史学的发展

上海财经大学经济史学系

上海财经大学中国经济思想发展研究院

　　经济史学是经济学创新发展的源泉和基础。上海财经大学经济学院是国内高校第一所按照世界一流大学标准专门设立经济史学系的经济学院，是我国经济思想史与经济史研究的重要基地和学术中心之一，享有一定国际声誉，具有一定学术影响力。其中，经济思想史学科是学校三大国家重点学科之一，也是国内高校同学科中唯一的国家重点学科。上海财经大学经济史学系以浓厚的理论经济学氛围和应用前沿方法为特色，注重经济史和经济思想史两个学科的融合发展，强调古今贯通、中外比较、本土化、国际化、创新化、实践化的学术风格，着力培养具有扎实的马克思主义经济学基础，现代西方经济学理论基础扎实，专业理论知识深厚，系统掌握中外经济和经济思想发展的历史和现状，熟练掌握经济史、经济思想史学科的前沿理论，熟练掌握现代分析方法并可以独立进行经济学研究、教学和从事经济管理的高级专门人才。

　　目前，上海财经大学经济史学系正在积极筹划成立校级层面的研究机构——中国经济思想发展研究院（英文名：Institute for the Development of Chinese Economic Thought），旨在对中国长期经济发展过程中涌现的具有原创性、兼顾中国特色和世界意义的经济思想、经济学说、经济理论，进行系统性、长期性、比较性和综合性的研究，揭示中国经济发展的内在逻辑，助力中国经济学构建。通过回顾上海财经大学经济思想史、经济史学的学科学术

发展史，重温学科发展初心使命，梳理学科先贤学术文脉，有助于更好地推进上海财经大学经济史学系和中国经济思想发展研究院下一步的建设，为打造具有较高国际学术影响力的上财经济史学派提供历史镜鉴和现实启迪。

一　上海财经大学经济思想史、经济史学科的历史沿革

上海财经大学经济思想史和经济史学科具有深厚的历史积淀和良好的学术传统，尤其是经济思想史学科，其创始人是已故著名经济思想史学家、中国经济思想史学科的奠基人之一胡寄窗先生。胡寄窗先生 1926 年毕业于北平大学法学院，1933 年获英国伦敦大学经济科学硕士学位，归国后历任四川大学、华西大学、东北大学教授，曾创办《经济学报》《经济评论》杂志。1949 年后，历任之江大学财经学院国际贸易系主任、院长，浙江财经学院院长，上海财政经济学院、上海社会科学院、江西大学教授。1978 年 7 月重返上海财政经济学院（上海财经大学前身）任教授、博士生导师，1989 年被评为全国优秀教师，1991 年被国务院授予有突出贡献专家荣誉称号。在他的引领和带动之下，上海财经大学经济思想史学科成为国内经济思想史学科的主要发源地之一。

（一）学科初肇（1978～1987 年）

新中国成立后，在胡寄窗先生与老一辈中国经济思想史专家的共同努力下，中国经济思想史作为一个学科逐步建立起来。1961 年，全国文科教材会议制定的综合大学经济系教学计划，正式将中国经济思想史列为必修课。后由于"文革"的冲击，各高校的中国经济思想史教学基本停滞，直到党的十一届三中全会之

后才开始逐渐恢复。改革开放之后，胡寄窗先生以耄耋之年致力于中国经济思想史学科的国内推广。1979 年，经教育部批准，上海财政经济学院开设经济思想史全国教师进修班，胡寄窗先生自编教材，亲自讲授，历时一年，为国内 20 多所高校培养和输送了一批本科生教研骨干。

1980 年，胡寄窗先生倡导成立了中国经济思想史学会，并被推选为会长并亲自主持会务达六年之久（连任第一、二、三届会长后，因本人坚辞不就而退任名誉会长），该学会为在全国范围内组织本学科的力量进行学术交流和探索研究发挥了巨大的作用。1986 年，胡寄窗先生倡议将中国经济思想史和外国经济学说史的教学及人才培养互相结合，以培养中外兼通的经济学专业人才，这有利于将中国经济思想融汇到世界经济学说的发展中。1987 年，国务院学位委员会批准设立由胡寄窗先生为导师的中外结合的经济学说史专业博士学位授权点（试点），这在我国学科建设、博士点设置以及学位研究生培养方面均属创举。此外，中国经济思想史方向的学者还包括中国经济思想史学会理事、中国经济思想史研究会副总干事姚家华以及师从胡寄窗先生、博士毕业后留校任教的谈敏博士。外国经济学说史方向的代表性学者是漆光瑛，经济史专业方向的代表性学者是郭庠林。

代表性著作方面，该时期有胡寄窗先生的《中国经济思想史》（下册，上海人民出版社，1981，获 1986 年上海市哲学社会科学优秀著作奖），《中国经济思想史简编》（中国社会科学出版社，1981，获 1988 年国家教委全国文理科优秀教材特等奖，是 22 个特等奖中的唯一一部经济学著作，还获得了财政部 1988 年优秀教材荣誉奖），《中国古代经济思想的光辉成就》（中国社会科学出版社，1981），《中国近代经济思想史大纲》（中国社会科学出版社，1984，获 1988 年财政部优秀教材一等奖），《当代西方基本经济理论》（辽宁人民出版社，1986，获第一届北方十五省市哲学社会科学优秀图书奖），*Chinese Economic Thought Before the 17th Century*（外文出版社，1984）；姚家华的《中国近代经济思想简史》（安徽人民出版社，1985）；郭庠林的《中国近代经济简史》（与陈绍闻合著，上海人民出版社，1983）、《中国近代经济史话》（与吴云溥合著，江苏人民出版社，1984）。此外，中国经济史学教研室还编写了《中国经济思想史简明教程》（《财经研究》编辑部，1983），全书分上编中国古代经济思想史部分和下编中国近代经济思想史部分，约 22 万字。

（二）蓬勃发展（1988～2010 年）

随着经济学说史专业博士点的设立，上海财经大学经济史学的学科建设和科学研究进入了一个新的发展时期。1992 年，胡寄窗先生承担了国家哲学社会科学"八五"规划重点课题"新中国经济思想史"的研究任务，致力于建立 1949 年以来新中国经济思想史的完整体系，填补这一学术空白。同时，在经济史学科方面，随着郭庠林教授的退休，学科于 2002 年自上海社会科学院经济研究所引进了著名学者杜恂诚教授。杜恂诚师从著名经济史学大家汪敬虞先生，迄今为止先后在《中国社会科学》上发表论文 4 篇，在《历史研究》上发表论文 9 篇，在《中国经济史研究》上发表论文 10 多篇，在《学术月刊》《财经研究》《学术季刊》等国内外刊物或论文集上共发表论文 150 多篇。郭庠林教授担任上海市经济史学研究会副会长，并享受国务院特殊津贴。谈敏教授 1993 年起享受国务院特殊津贴，并曾兼任中国经济思想史学会会长、国务院学位委员会第五届理论经济学学科评议组召集人。南京大学孙林博士 1998 年 9 月至 2000 年 12 月在上海财经大学理论经济学博士后科研流动站做博士后研究，出站后留在学校经济史学科工作。2004 届经济思想史专业王昉博士、2006 届经济史专业李耀华博士毕业后均留本校工作，充实了两个学科的研究力量。

代表性著作方面，该时期有胡寄窗先生的《一八七〇年以来的西方经济学说》（经济科学出版社，1988，被中共中央组织部列入《当代中青年干部必读精粹》，并获 1992 年国家教委第二届普通高等学校全国优秀教材奖）、《政治经济学前史》（辽宁人民出版社，1988）、*A Concise History of Chinese Economic Thought*（外文出版社，1988）、《中国财政思想史》（与谈敏合著，中国财政经济出版社，1989，获 1990 年第四届中国图书二等奖和 1992 年第二届全国财政系统大中专优秀教材荣誉奖）、《经济理论歧见的剖析》（上海人民出版社，1991）、《西方经济学说史》（立信会计出版社，1991）、《新中国经济思想史纲要：1949—1989》（与谈敏合编，上海财经大学出版社，1997）。

在此期间还有郭庠林教授的《中国近代振兴经济之道的比较》（与姚家华、张立英合著，上海财经大学出版社，1995）、《中国封建社会经济研究》（上海财经大学出版社，1998）、《近代中国市场经济研究》（与张立英合著，上海财经大学出版社，1999）和《中国古代宏观经济管理》（上海财经大学出版社，2001）；姚家华的《商业经济思想史》（经济管理出版社，1989）；漆光瑛的《外国经济学说史新编》（与蔡中兴合著，上海财经大学出版社，2002）；谈敏的《法国重农学派学说的中国渊源》（上海人民出版社，1992）和《回溯历史：马克思主义经济学在中国的传播前史》（上海财经大学出版社，2008），杜恂诚的《近代中国鉴证类中介业研究：上海的注册会计师》（上海财经大学出版社，2008），杜恂诚与严国海、孙林的《中国近代国有经济思想、制度与演变》（上海人民出版社，2007），程霖的《中国近代银行制度建设思想研究（1859～1949）》（上海财经大学出版社，1999），程霖、王昉、张薇的《中国近代开发西部的思想与政策研究：1840—1949》（上海人民出版社，2007）。

（三）融合发展（2011年至今）

2011年4月23～24日，上海财经大学经济学院隆重举办了首届"上财经济史学论坛"暨经济史学系揭牌仪式，这标志着上海财经大学经济思想史和经济史学科进入融合发展的新阶段。自上海财经大学经济史学系成立以来，学科在师资队伍建设方面引育并举，形成了良好的学术梯队，全职引进了英国曼彻斯特大学Terry Peach教授、山西大学知名学者燕红忠教授等。陈旭东、梁捷、刘凝霜等青年学者也成长迅速。学科现有教授6名，副教授5名，讲师3名，其中国家级人才计划专家2名，经济史学系现任系主任为程霖教授，常务执行副主任为燕红忠教授。学科多名教师兼任国内外重要学术组织主要职务：赵晓雷教授曾兼任中国经济思想史学会副会长、国务院第七届理论经济学学科评议组成员，程霖教授为中国经济思想史学会现任副会长、国务院第八届理论经济学学科评议组成员，王昉教授为中国经济思想史学会现任副秘书长，燕红忠教授为中国经济史学会现任常务理事、近代史专业委员会副主任，Terry Peach教授为英国经济思想史学会现任会长。

代表性著作方面，该时期有程霖主编的"十三五"国家重点图书"近代中国经济转型的历史与思想研究文库"（第一辑10册，上海财经大学出版社，2019）和"十三五"国家重点出版物出版规划项目、上海社科基金"建国70周年"研究项目"复兴之路：新中国经济思想研究"丛书（12册，经济科学出版社，2019），程霖、Terry Peach和王昉合作主编的 *The History of*

Ancient Chinese Economic Thought（Routledge Press，2014）和 *The Political Economy of the Han Dynasty and Its Legacy*（Routledge Press，2019），谈敏的《1917—1919：马克思主义经济学在中国的传播启蒙》（上海财经大学出版社，2016），赵晓雷的《中国现代经济思想的发展》（经济科学出版社，2014，获得第三届"刘诗白经济学奖"）和《中国经济思想史（第四版）》（东北财经大学出版社，2016），赵晓雷、王昉的《发展与转型——改革开放40年中国经济思想变迁》（首都经济贸易大学出版社，2018），杜恂诚的《日本在近代中国的投资》（上海社会科学院出版社，2019），燕红忠的《中日货币战争史（1906—1945）》（为2019年国家哲学社会科学成果文库项目，社会科学文献出版社，2021）和《货币、信用与贸易：在东北探寻近代金融（1860—1931）》（"十三五"国家重点图书，国家出版基金资助项目，上海财经大学出版社，2020）等。

近10年来，经济史学科研究团队不仅继续保持著书立说的良好传统，出版中文著作36部、英文著作2部、系列研究丛书2套，先后荣获孙冶方经济科学奖、教育部人文社科优秀成果奖、马克思主义研究优秀成果奖、上海市图书奖、上海市哲学社会科学优秀成果奖等奖项，1部著作入选国家哲学社会科学成果文库。同时，在高水平论文发表方面也取得了较前两个时期更为显著的进步，学科团队成员在《中国社会科学》《经济研究》《历史研究》等权威A级期刊发表论文14篇；在《经济学动态》《中国经济史研究》《学术月刊》《财经研究》等权威B级期刊发表论文57篇；在 *History of Political Economy* 等国际权威英文期刊发表论文7篇。学科团队承接国家级课题15项，省部级课题3项，其中连续两年获得国家社科基金重大项目立项。

二　上海财经大学经济思想史、经济史学科近五年学术动态

（一）主办系列学术会议

2019 年 9 月 28～29 日，主办上海市社会科学界第十七届（2019）学术年会庆祝新中国成立 70 周年系列论坛分论坛——"复兴之路·新中国经济建设思想与实践"主题论坛暨第五届上财经济史学论坛。上海财经大学党委书记许涛、校长蒋传海，上海市哲学社会科学规划办主任李安方，中国经济思想史学会会长邹进文，中国经济史学会会长魏明孔，经济科学出版社副总编柳敏，校科研处处长靳玉英、上海财经大学出版社总编辑黄磊、图书馆直属党支部书记戴洪霞、经济学院党委书记王昉、科研处副处长陈正良等部门、院系领导，来自北京大学、复旦大学、武汉大学、南京大学、山东大学、中国社会科学院等 40 余所国内知名高校、科研院所的专家学者，以及来自新华社、《人民日报》、《光明日报》等 10 余家媒体的记者共近百人出席了论坛相关活动。此届论坛由上海财经大学与上海市社会科学界联合会、中国经济思想史学会、中国经济史学会、《经济学动态》编辑部、《中国经济史研究》编辑部联合主办。论坛聚焦新中国经济体制和经济增长、民生发展思想、反贫困思想、土地制度改革思想、民营经济制度思想、特区经济体制建设思想、经济学理论创新发展等进行深入的学术交流研讨。其中，4 场大会报告专场分别由《经济研究》副主编郑红亮研究员、《中国经济史研究》主编魏众研究员、北京大学经济史学系系主任周建波教授、中南财经政法大学副校长邹进文教授主持。论坛还举行了"新中国经济思想研

究"丛书发布仪式。发布会由校科研处处长靳玉英主持。作为向新中国成立 70 周年的学术献礼，首批丛书共 9 卷、230 余万字，以专题立卷，涵盖新中国经济增长思想、经济转型思想、国有企业改革思想、民营经济思想、产业发展路径选择经济思想、特区经济体制建设思想、银行制度建设思想、人口思想、旅游业发展与经济思想 9 个专题。丛书也是程霖教授所主持的 2017 年上海哲学社会科学规划"新中国 70 周年研究系列"项目——"复兴之路：新中国经济思想研究"的成果，入选了"十三五"国家重点出版物出版规划。

2018 年 7 月 1～2 日，与《中国经济史研究》编辑部联合主办的第三届"上财经济史学 Workshop"暨"历史与思想：近代以来中国经济转型发展研讨会"在上海财经大学经济学院举行。来自美国南加州大学、科罗拉多大学波尔得分校、马萨诸塞大学波士顿分校、英国伦敦政治经济学院、伦敦大学、曼彻斯特大学、澳大利亚昆士兰大学、中国社会科学院、上海社会科学院、北京大学、清华大学、复旦大学、厦门大学、中南财经政法大学和上海财经大学等海内外高校和科研院所的 50 余位专家学者出席了研讨会。会议主要聚焦近代以来中国经济转型发展的历史与思想，从经济史和经济思想史相结合的视角来透视历史实践、梳理思想流变、提供现实镜鉴。

2017 年 9 月 9～10 日，第四届"全国经济史学博士后论坛暨第四届上财经济史学论坛"在上海财经大学经济学院举行。会议由中国社会科学院、全国博士后管委会办公室和中国博士后科学基金会主办，上海财经大学、中国社会科学院博士后管委会、中国社会科学院经济研究所、中国经济史学会和上海财经大学经济学院经济史学系承办。此届全国经济史学博士后论坛与上财经济史学论坛分别以"中国经济史学的话语体系构建"和"中国经济史学的传承与创新"为主题，深入探讨了中国经济长期发展与经济思想演进及其互动关系、中国经济史学与中国现实经济发展、经济发展与经济思想变迁的中外比较等议题。此届论坛的一大特色是将经济史和经济思想史两个学科有机结合，致力于促进两者之间的交叉互动和研究渗透。来自中国社会科学院、北京大学、清华大学、复旦大学、南开大学、武汉大学、厦门大学和上海财经大学等高校和科研院所的逾百位专家学者出席了此届论坛。

2016 年 9 月 10～11 日，与中国社会科学院《中国经济史研究》编辑部共同举办第二届"上财经济史学 Workshop 暨制度、思想、社会组织与经济发展研讨会"。会议吸引了美国人文与科学院院士、斯坦福大学经济系 Avner Greif 教授，斯坦福大学历史系中国历史研究专家 Matthew Sommer 教授，香港中文大学历史系 David Faure（科大卫）教授，著名华人经济学家、耶鲁大学陈志武教授，上海财经大学经济学院经济史学系海外联席系主任、伦敦政治经济学院马德斌副教授等业界知名专家学者以及来自美国科罗拉多大学波尔得分校、澳大利亚昆士兰大学、中国社会科学院、复旦大学、华中师范大学、福建师范大学、上海财经大学等高校和科研机构的 60 余位专家学者齐聚一堂，展开思想交锋。在为期两天的会议上，与会嘉宾主要围绕中国历史上的宗族、行会、企业等社会组织与长期经济发展之间的关系等问题进行了四场分论坛讨论，特别是社会网络、商人组织、社会阶层流动、企业秩序与经济发展方面的中西方比较等问题，引发了专家学者们的深刻研讨。

2016 年 9 月 2～4 日，与英国经济思想史学会共同举办第 48 届"英国经济思想史年会暨全球视野下的中西经济思想比较研讨会"。年会是英国经济思想史学会自 1968 年成立以来首次移师到欧洲以外的国家举办，意义重大。年会围绕"西方经济理论及经济学家思想研究"与"汉代政治经济思想及其遗产研究"两条主线展开。来自牛津大学、法兰克福大学、曼彻斯特大学、英属哥伦比亚大学、澳大利亚国立大学、新南威尔士大学、贝尔法斯特女王大学、昆士兰大学、复旦大学、西北大学、上海社会科学院、上海财经大学等高校和科研机构的 40 余位专家学者出席了会议，同时对该议题感兴趣的诸多校内外师生也齐聚会场，共享这场学术盛宴。

2015 年 10 月 30~31 日，主办第三届"上财经济史学论坛暨《中国经济史研究》创刊三十周年学术研讨会"。来自清华大学、北京大学、复旦大学、上海交通大学、武汉大学、上海财经大学、中南财经政法大学、中国社会科学院、上海社会科学院等全国 20 多所大学和科研机构的 90 余位专家学者及学生参加了会议。论坛以"中国经济转型的历史与思想"为主题，与会学者在此主题范围之下进行了热烈的学术研讨。同时，借《中国经济史研究》创刊三十周年纪念之际，与会嘉宾畅谈"中国经济史学的过去、现在与未来"，对杂志的历史、现状和未来亦多有讨论。

（二）举办上财经济史学讲坛

近 5 年累计举办上财经济史学讲坛 10 期，具体如下。

第 14 讲：从经济思想史看现代经济学：几个重要事例的解析和启示，主讲人朱富强（中山大学岭南学院教授），2015 年 12 月 15 日。

第 15 讲：清代妻妾价格研究，主讲人陈志武（北京大学经济学院特聘教授、香港大学访问教授），2016 年 4 月 28 日。

第 16 讲：The Institutional Basis of Political Legitimacy：The Reformation and the Origin of the Modern Economy in England，主讲人 Avner Greif（美国斯坦福大学经济系终身教授，美国人文与科学

院院士），2016 年 9 月 12 日。

第 17 讲：构建经济史话语体系之管见，主讲人魏明孔（中国社会科学院经济研究所研究员、中国经济史学会会长），2017 年 7 月 7 日。

第 18 讲：从历史中汲取智慧——清代经济史留给我们的经验教训，主讲人李伯重（北京大学人文讲席教授，曾任香港科技大学讲席教授，清华大学教授，国际经济史学会执委会委员），2017 年 9 月 8 日。

第 19 讲：帝国鸦片依赖症：谈鸦片经济对清帝国的影响，主讲人仲伟民（清华大学历史系教授、博士生导师，《清华大学学报》编辑部常务副主编），2017 年 9 月 8 日。

第 20 讲：治大国若烹小鲜——史实、史法、史观谈，主讲人叶坦（中国社会科学院首批"长城学者"，中国社会科学院经济研究所研究员），2017 年 9 月 11 日。

第 21 讲：新中国金融 70 年：基于金融功能变迁的视角，主讲人兰日旭（中央财经大学经济学院教授），2018 年 3 月 29 日。

第 22 讲：China and the World Depression，主讲人 Tim Wright（英国谢菲尔德大学东亚研究院荣誉教授），2019 年 5 月 14 日。

第 23 讲：白银在上海的国际炒卖——以 1920 至 30 年代横滨正金银行为个案，主讲人李培德（香港大学名誉教授），2019 年 10 月 11 日。

（三）国际学术交流

2015 年 7 月 10 日～10 月 10 日，王昉赴英国与国际知名经济思想史学者、英国曼彻斯特大学 Terry Peach 教授共同展开一项关于"汉代经济社会思想、制度及其后世奠基"的合作研究项目。

2015 年 8 月，燕红忠赴日本京都参加第 17 届世界经济史大会。

2015 年 8 月 15～31 日，程霖、燕红忠参加由斯坦福大学经济学系主办的两场 SITE 国际学术研讨会议。

2015 年 11 月 3～4 日，刘凝霜赴美国伯克利参加 Frontiers in Chinese Economic History（中国经济史前沿）国际学术研讨会。

2017 年 5 月 18～20 日，程霖、王昉和梁捷赴比利时安特卫普大学参加第 21 届欧洲经济思想史年会。

2018 年 8 月，燕红忠参加在美国 MIT 举办的第 18 届世界经济史大会。

2018 年 8 月 29～31 日，程霖、王昉、Terry Peach 和梁捷参加第 50 届英国经济思想史年会。

2019 年 9 月 5～9 日，程霖、王昉、Terry Peach、陈旭东和梁捷参加第 51 届英国经济思想史年会并做专题报告。

三 上海财经大学经济思想史、经济史学科近五年代表性科研成果

（一）代表性论文

经济思想史学科部分代表性论文成果

古代：

王昉、燕红忠、高宇：《晚清区域货币市场发展研究——以营口"过炉银"为中心》，《历史研究》2016 年第 3 期。

岳翔宇：《气候变化、农业低产与重农理论——以晁错"贵粟论"为中心》，《历史研究》2015 年第 3 期。

程霖、赵昊：《中国古代经济思想的基本结构与内在逻辑——基于权力与伦理视角的孔子经济思想考察》，《财经研究》2019 年

第 8 期。

程霖、陈旭东、张申：《中国传统经济思想的历史地位》，《中国经济史研究》2016 年第 2 期。

陈旭东：《中国古代历史变革中的企业家精神》，《文汇报·文汇学人》2019 年 12 月 6 日，第 14 版。

程霖、陈旭东：《中国传统经济思想的现代价值》，《文汇报·文汇学人》2016 年 2 月 26 日，第 10 版。

Wang, F., Yan, H. Z., Zhang, D., "The Transition of Thoughts on Grain Control in the Qing Dynasty：A Survey of the Great Debate on the Ever-Normal Granary and Grain Prices in 1748," *Frontiers of Economics in China* 15（2020）：pp. 25 – 55.

Wang, F., Miao D. G., He X. B., "Did Civilian Granaries Affect Social Stability? Empirical Evidence from the Qing Dynasty（1817 – 1856），" *Frontiers of Economics in China* 10（2015）：pp. 483 – 508.

近代：

程霖、张申、陈旭东：《中国经济学的探索：一个历史考察》，《经济研究》2020 年第 9 期。

程霖、张申、陈旭东：《选择与创新：西方经济学说中国化的近代考察》，《经济研究》2018 年第 7 期。

王昉、韩丽娟：《20 世纪 20—40 年代中国农村合作金融中的信用管理思想》，《中国经济史研究》2017 年第 4 期。

程霖、周艳：《近代中国家族企业代际传承与"泛家族化"股权融资思想》，《财经研究》2018 年第 11 期。

程霖、周艳：《近代中国家族企业债务重组制度思想及其现实镜鉴》，《财经研究》2017 年第 7 期。

陈旭东：《清末新政时期西方预算知识引介与制度嫁接》，《文汇报·文汇学人》2017 年 3 月 17 日，第 14 版。

Cheng, L., Zhang, S., "The Spread of Western Economics in China: Features and Influence (1840 – 1949)," *Frontiers of Economics in China* 12（2017）: pp. 193 – 227.

王昉、张铎:《民国时期铁路规制思想的发展与演变——基于 1912 ~ 1937 年中华全国铁路协会刊物的考察》,《中国社会经济史研究》2020 年第 1 期。

伍山林:《西方经济思想选择性传播平议》,《文汇报·文汇学人》2018 年 3 月 2 日, 第 11 版。

伍山林:《重新理解美国关税史演进》,《文汇报·文汇学人》2017 年 9 月 1 日, 第 12 版。

伍山林:《贸易自由与自由贸易之思想陈迹》,《文汇报·文汇学人》2016 年 10 月 14 日, 第 8 版。

伍山林:《汉密尔顿经济战略思想与美国经济政策的历史逻辑起点》,《求索》2019 年第 1 期。

伍山林:《中国双循环发展:以全球性大国为镜鉴》,《求索》2021 年第 5 期。

伍抱一、伍山林:《推动构建开放型世界经济:英美经验与中国思路》,《财经研究》2020 年第 12 期。

当代:

程霖、陈旭东:《经济增长实现新旧路径切换》,《解放日报》2019 年 10 月 8 日, 第 9 版。

陈旭东、程霖:《中国现代经济思想史研究与新时代学术话语体系构建》,《学术月刊》2019 年第 6 期。

王昉、缪德刚:《过渡时期经济思想与中国特色社会主义道路理论的早期探索》,《中国经济史研究》2018 年第 2 期。

程霖、张申、何业嘉:《中国现代经济思想史研究:1978—2014》,《中国经济史研究》2015 年第 3 期。

程霖、陈旭东：《改革开放 40 年中国特色社会主义市场经济理论的发展与创新》，《经济学动态》2018 年第 12 期。

程霖、刘凝霜：《经济增长、制度变迁与"民营经济"概念的演生》，《学术月刊》2017 年第 5 期。

王昉、王晓博：《新中国 70 年反贫困思想的演进路径与逻辑架构——基于政策文件的文本对比研究》，《经济学家》2020 年第 2 期。

王昉、徐永辰：《从共同富裕到精准扶贫——新中国反贫困思想的历史考察》，《宁夏社会科学》2020 年第 1 期。

伍山林：《习近平经济战略思想的三个层面》，《求索》2017 年第 9 期。

伍山林：《美国贸易保护主义的根源——以美国重商主义形态演变为线索》，《财经研究》2018 年第 12 期。

伍山林：《国有企业效率评价理论检视——新自由主义观点批判》，《海派经济学》2017 年第 2 期。

伍山林：《中国市场经济地位与美欧日重商主义传统》，《文汇报·文汇学人》2017 年 2 月 10 日，第 2 版。

经济史学科部分代表性论文成果：

杜恂诚：《1928—1937 年中国的新设企业与政府投资》，《中国社会科学》2015 年第 3 期。

杜恂诚：《二十世纪前期白银汇率的两次异常震荡及对中国经济的影响》，《历史研究》2018 年第 3 期。

燕红忠、许晨：《日本不同殖民集团对我国东北货币本位政策之争（1906—1933）》，《历史研究》2018 年第 5 期。

燕红忠、卫辛：《工业化对晚清捐官的影响研究——以新式企业发展中的产权保护机制为中心》，《经济学（季刊）》2019 年第 4 期。

杜恂诚：《论中国的经济史学与西方主流经济学的关系》，《中国经济史研究》2019 年第 5 期。

燕红忠、李裕威、曾雄佩：《近代中国区域汇兑市场的运行机制研究——以大连为中心的钱市、汇市与贸易（1906—1931）》，《中国经济史研究》2020 年第 3 期。

李耀华：《近代中国企业年金建设的尝试》，《文汇报·文汇学人》2016 年 8 月 5 日，第 14 版。

燕红忠：《科举教育、捐官制度与官员晋升——基于清代官员履历档案的实证研究》，《财经研究》2016 年第 11 期。

燕红忠、许晨：《晚清营口贸易的商业机能与市场网络》，《中国经济史研究》2016 年第 4 期。

杜恂诚：《南京国民政府统制经济政策的实现途径》，《中国经济史研究》2016 年第 3 期。

岳翔宇：《银行商誉资本与货币竞争性发行——来自中国白银风潮前夕银行微观数据的经验证据》，《财经研究》2016 年第 3 期。

杜恂诚：《民国时期的信用扩张与经济周期——对奥地利学派德索托学术观点的讨论》，《财经研究》2016 年第 2 期。

燕红忠：《近代中国的政府债务与金融发展》，《财经研究》2015 年第 9 期。

杜恂诚：《近代中国金融业发展模式与社会转型》，《中国经济史研究》2015 年第 3 期。

燕红忠、三昉：《中国金融史研究的动态与新进展》，《中国经济史研究》2015 年第 2 期。

高宇、燕红忠：《日本占领青岛期间的鸦片专卖与占领财政》，《中国经济史研究》2015 年第 1 期。

燕红忠、李裕威：《外国纸币何以能在近代中国长期流通？——东北竞争性货币市场及其启示》，《财经研究》2019 年第 9 期。

赵超、燕红忠：《20 世纪三四十年代国统区农村金融发展的主要特点》，《中州学刊》2015 年第 8 期。

杜恂诚：《全面抗战前省市立银行的扩张》，《社会科学》2015 年第 1 期。

李耀华：《近代中国的社会保险——强制储蓄制度》，《中国金融》2015 年第 1 期。

燕红忠：《如何看待当前中国经济增长中的三大风险》，《人民论坛》2016 年第 S1 期。

（二）代表性著作

谈敏编著《中国财政思想史简编》，上海财经大学出版社，2018。

谈敏：《1917—1919：马克思主义经济学在中国的传播启蒙》，上海财经大学出版社，2016。

杜恂诚：《中国的民族资本主义（1927—1937）》，上海财经大学出版社，2019。

杜恂诚：《日本在近代中国的投资》，上海社会科学院出版社，2019。

赵晓雷主编《新编经济思想史》第十卷《中国现代经济思想的发展》，经济科学出版社，2016。

赵晓雷主编《中国经济思想史》（第四版），东北财经大学出版社，2014。

赵晓雷、王昉：《发展与转型——改革开放 40 年中国经济思想变迁》，首都经济贸易大学出版社，2018。

Cheng，L. et al.（eds.），*The Political Economy of the Han Dy-*

nasty and Its Legacy，Routledge Press，2019）.

程霖、陈国权等：《新中国经济增长思想研究（1949～2019）》，经济科学出版社，2019。

燕红忠：《中日货币战争史（1906—1945）》，社会科学文献出版社，2021。

燕红忠：《货币、信用与贸易：在东北探寻近代金融（1860—1931）》，上海财经大学出版社，2020。

梁捷：《梁捷西方经济思想史讲稿》，复旦大学出版社，2019。

梁捷：《新中国人口思想研究（1949～2019）》，经济科学出版社，2019。

梁捷：《西方经济思想通识》，东方出版社，2018。

刘凝霜：《新中国民营经济思想研究（1949～2019）》，经济科学出版社，2019。

（三）科研获奖

谈敏，第十六届孙冶方经济科学奖，著作奖，2014年。

田国强、荣旭东，第十六届孙冶方经济科学奖，著作奖，2014年。

田国强、陈旭东，第八届高等学校科学研究优秀成果奖（人文社会科学），著作论文一等奖，2020年。

伍山林，第八届高等学校科学研究优秀成果奖（人文社会科学），著作论文二等奖，2020年。

谈敏，第八届高等学校科学研究优秀成果奖（人文社会科学），著作论文三等奖，2020年。

伍山林，第七届高等学校科学研究优秀成果奖（人文社会科学），论文类三等奖，2015年。

谈敏，第五届马克思主义研究优秀成果，专著类一等奖，

2017 年。

谈敏，第 15 届上海图书奖，一等奖，2018 年。

伍山林上海市第十四届哲学社会科学优秀成果奖，论文类一等奖，2018 年。

谈敏，上海市第十四届哲学社会科学优秀成果奖，著作类二等奖，2018 年。

王昉，上海市第十四届哲学社会科学优秀成果奖，论文类二等奖，2018 年。

伍山林，上海市第十三届哲学社会科学优秀成果奖，著作类二等奖，2016 年。

（四）科研项目

程霖，近代以来中国经济学构建的探索与实践研究，国家社科重大项目（17ZDA034），在研。

燕红忠，近代中国金融市场发展与运行研究，国家社科重大项目（16ZDA133），在研。

程霖，"中国经济史学发展的基础理论研究"子课题"中国现代经济思想史研究与学科发展的理论考察"，国家社科重大项目（15ZD131），在研。

程霖，中国传统经济思想的地位和价值研究，国家社科重点项目（17AJL006），在研。

王昉，新中国反贫困思想的历史逻辑与理论检验研究，国家社科一般项目（18BJL014），在研。

伍山林，美国重商主义传统与新形态研究，国家社科一般项目（17BJL021），结项（优秀）。

谈敏，从民国经济学著作看马克思主义经济学的传播研究（1920—1929），国家社科一般项目（16BJL003），结项。

　　陈旭东，中国传统经济思想与经济学学术话语体系构建研究，上海市哲学社会科学规划课题（2019BJL002），在研。

　　刘凝霜，中国共产党探索政企关系的思想与实践研究（1921—2021），上海市哲学社会科学规划课题（2020EJL002），在研。

中国少数民族经济史学的建构与进展

许　晨　曾俊淇[*]

中国少数民族经济学是以中央民族大学施正一教授为带头人的一批学者自 20 世纪 70 年代末开始，将马克思主义经济学和民族问题相结合、以中国少数民族经济为研究对象而创立的一门交叉学科。学科创立后，在学科建设方面取得了一系列突出成果。2007 年底，中央民族大学中国少数民族经济学科获批成为国家重点（培育）学科。中国少数民族经济史与经济思想史是学科创立时即确立的重点研究方向，共同构成了中国少数民族经济史学。中央民族大学依托中国少数民族经济学科，系统提出了中国少数民族经济史学的研究对象、研究方法与研究内容理论，是中国经济史学研究进展中不可或缺的一部分。

一　中国少数民族经济史的兴起与初步发展

民族院校是中国共产党解决民族问题、做好民族工作的重大创造与重要载体。中央民族学院 1951 年在北京成立后，研究民族问题及各民族社会经济、历史文化的中央民族学院研究生部也相应成立。在随后进行的少数民族社会历史调查中，中央民族学院作为重要力量，整理出蒙古族、藏族、维吾尔族、壮族、苗族、布依族、瑶族、傣族、彝族、黎族、景颇族、怒族、傈僳族、独龙族、佤族、鄂伦春族、鄂温克族等民族从原始社会末期到封建

*　许晨，中央民族大学经济学院讲师；曾俊淇，中央民族大学经济学院学生。

社会末期的一手资料，涵盖各民族经济生活、生产力、生产关系、经济结构和手工业等各方面，为中国少数民族经济史的建构积累了原始而鲜活的基础性材料。[①] 1978 年，党的十一届三中全会召开，全党工作重心转移到社会主义现代化建设上来，会议做出了改革开放的伟大战略决策。国家民委也在此时召开了第一次民族问题理论研讨会。长期从事马克思主义经济学和经济学说史教学和研究的学者、中央民族学院施正一教授提交了题为《民族问题和四个现代化》的文章，在理论上最早将民族问题与经济发展结合起来，并坚持把马克思主义经济学作为研究民族地区经济问题的指导思想。1979 年，在中央民族学院召开的学术研讨会上，施正一教授第一次提出了创立"民族经济学"新学科的建议，并在会后组织编写《中国少数民族经济概论》一书。1982年，施正一发表了《关于发展中国民族经济学的几个问题》一文，对民族经济学学科的基本概念和问题进行了初步概括，标志着中国少数民族经济学科的正式诞生。民族经济学是研究民族经济问题的科学，既包括少数民族地区的各种理论与现实经济问题，也涵盖少数民族的经济史与经济思想史，是纵向研究与横向研究的结合。学科创立后，中国少数民族经济史作为其中的重点研究方向，取得了突出进展。

（一）资本主义的发展与不发展——近代少数民族地区资本主义萌芽与外国资本主义侵略

资本主义的发展与不发展是中国经济史的中心线索问题。[②]

---

① 黄健英等编著《民族经济学四十年》，中国经济出版社，2018。
② 汪敬虞：《中国资本主义的发展和不发展——中国近代经济史中心线索问题研究》，经济管理出版社，2007。

虽然部分少数民族和民族地区在新中国成立前处于原始社会末期、奴隶制社会或封建社会，但也并非毫无资本主义萌芽产生。作为对那一时期中国经济史研究热点的回应，对近代少数民族地区资本主义萌芽的探讨产生了一系列优秀成果。

然而，在这一过程中，中央民族大学中国少数民族经济史研究团队始终坚持将少数民族的特殊性作为分析该问题的重要切入点。况浩林在对鸦片战争前云南地区铜矿的生产性质的分析中指出，离开了对少数民族经济的分析，就难以全面认识云南铜矿生产的性质，而这恰恰也是 20 世纪 50 年代关于这一问题的争论所忽略的。鸦片战争前的云南经济，突出的特征是商品经济很不发达，自然经济特征更突出，农业中粮食生产的劳动生产率和商品率都很低，商品贸易基本上还停留在集市贸易加狭小的地方市场水平，交通运输则主要靠马帮及人挑背驮。此外还要看到，云南由于其历史和自然条件，社会经济存在以下两个显著特点：一是封闭性较强，与外界缺乏物质、信息与能量的交换，虽自汉代起中央政权就在云南设立郡治，但至南诏、大理后，在很长时期内处于封闭割据状态，与内地的经济交往也受到影响，一个例子就是云南作为产铜之地，但直到明朝末年，通行的货币都是以海贝为原料；二是少数民族经济占重要地位，当时云南少数民族所处社会发展阶段表现为一部从原始公社末期到封建地主制的活的人类社会发展史，其中多数时期都低于内地汉族的发展水平。这两个特点是云南社会生产力发展水平低于内地、商品经济很不发达的重要根源，也是其社会经济落后的表现。尤其是由于少数民族的社会经济普遍较落后和发展极不平衡，云南全省社会经济落后，发展极不平衡。而且在全省整个社会经济的封闭系统中，又有若干小的封闭的社会经济系统。这些都极大地阻碍着生产力和商品经济的发展。况浩林进一步指出，资本主义生产关系的出现，在经济上必须具备两个条件：一是要有一大批失去生产资料并具有一定人身自由的劳动者，二是需要一些人手中积累了为组织资本主义生产所必需的货币财富。然而上述两个条件在鸦片战争前云南铜矿的生产中都不成熟。况浩林对云南铜矿生产发展的过程进行了分析，认为云南铜矿生产本质上是封建王朝的事业，主要是为满足封建国家的需要而进行的生产，而且是为使用价值而进行的生产，而不是为价值而进行的生产，更不是为剩余价值而进行的生产。她强调资本主义萌芽的延续性，即资本主义萌芽的内涵、表征和所指不是前资本主义社会经济结构中出现的个别的、零星的甚至偶然出现的雇佣劳动商品生产的事例，而是资本主义生产方式发生发展过程的一个特定阶段，这个阶段继续发展下去，就将进入资本原始积累阶段。但鸦片战争前云南铜矿生产的荣衰都以封建国家的需要为转移，与当地的社会生产力、特别是商品经济的发展基本上是脱节的，因而鸦片战争前云南地区的铜矿生产与资本主义萌芽并无共同之处，本质上是封建主义性质的生产。[1]

以此个案为基础，况浩林对鸦片战争前我国少数民族地区资本主义萌芽情况进行了全面研究。在手工业方面，她指出只有在农业、手工业以及商品经济都较发达、已接近于汉族的壮族地区的手工业中，才看到了少量的资本主义萌芽。尽管云南白族地区手工业中的雇佣关系也较发达，但据已有材料，作坊主还是小业主，其生产也还是小商品生产。在冶矿业方面，民营的矿厂不像铜的生产那样有国家垫支资本，所以规模一般都很小、雇工不多，生产关系也不甚明了；清政府直接经营的金矿和制造火药的

---

[1] 况浩林：《鸦片战争前云南铜矿生产性质再探》，《中央民族学院学报》1989 年第 4 期。

磺硝厂，产品上交国家而不投入市场交换，是完完全全的封建生产关系，不可能算资本主义萌芽；介乎官营与民营之间的铜、铅及金银的生产，由于云南商品经济不发达、生产服务于封建政权需要等原因，本质上仍然是封建主义性质的生产。农业方面，一些少数民族地区存在的雇佣劳动关系也只能算小商品生产性质的经营，而不是资本主义生产性质的经营。综上可见，在鸦片战争前，少数民族地区资本主义萌芽的发育程度是大大落后于汉族地区的。①

与此相对应的是，外国资本主义对中国少数民族地区进行经济侵略导致了民族经济陷入不发展的停滞阶段，而这种打断造成了民族经济的畸形发展，对于民族经济的成长无疑具有负面作用。

尤其重要的是，西方列强在侵略过程中，对于中国边境民族地区的侵略与蚕食较中原地区早且深。黄万纶对英国在近代对西藏的经济侵略进行了考察。在倾销商品方面，1893 年 12 月订立的《中英藏印条约续约》使西藏沦为半殖民地。在《中英藏印条约续约》把亚东辟为商所后，英国商品源源不断流入西藏，使英国商品充斥西藏市场。在掠夺原料方面，出口额增长极其迅速且主要是羊毛、羊皮等工业原料。英国对西藏的经济侵略给西藏经济带来了严重破坏和深重灾难，主要表现在以下方面：第一，控制了西藏的经济和政治，使其沦为半殖民地社会，操纵西藏的财政金融，和西藏农奴主互相勾结，共同剥削和压迫西藏广大农牧民；第二，削弱了西藏同中国内地的经济联系；第三，严重破坏了西藏的农牧业生产和技术进步；第四，打击

---

① 况浩林：《鸦片战争前中国少数民族地区的资本主义萌芽》，《广西民族研究》1991 年第 4 期。

了西藏手工业的发展。①

况浩林则对西班牙、荷兰、英国、俄国、日本、美国等资本主义国家通过倾销商品、掠夺原料、开辟通商口岸、谋取经济特权等方式侵略我国少数民族地区的历程进行了详细梳理，进而在以下几个方面总结出外国资本主义对中国少数民族地区进行经济侵略的特点。一是外国资本主义对少数民族地区的侵略，更多的是直接占领我国少数民族地区的领土，其次才是经济侵略。二是同国内其他地区相比，外国资本主义对少数民族地区的经济侵略，使用了更多的超经济的暴力掠夺手段，如它们对少数民族地区的土地的掠夺、资源的侵占、在少数民族地区种植与贩卖鸦片以及采取高利贷、抵押贷款等金融手段；帝国主义国家在少数民族地区的直接投资也不如国内其他地区多。三是直接投资中，商业与金融业的投资较多、影响较大，此外，帝国主义在云南及东北少数民族地区的铁路投资也较多、影响较大。四是工业投资中主要是矿山投资。这些特点背后有深刻的原因：第一，少数民族地区大部分位于祖国边陲，外国资本主义侵占中国领土常常先从这些地方下手，向这些地区输出商品与输出资本被放到了相对次要的地位；第二，少数民族地区的经济在历史上就比较落后，人口相对较少，商品经济很不发达、自然经济更为牢固，尽管外国资本主义对这些地区的商品输出增长速度很快，但绝对量还是比内地差得很多，因此外国资本主义的工业投资也不愿多投放在这些地区，毕竟在少数民族地区不能取得内地那样高的经济掠夺效益；第三，少数民族地区有丰富的资源，对于地上的资源，帝国主义主要通过商业进行掠夺，对于地下的资源，主要通过采矿业进行掠夺，

---

① 黄万纶：《谈谈英国在近代对西藏的经济侵略》，《中央民族学院学报》1982 年第 4 期。

兴修铁路则既可为帝国主义分裂与占领我国领土服务，又能为其倾销商品与掠夺原料提供方便，而金融业可充当以上各种手段的后盾，为它们提供资金，而且还能通过控制少数民族地区的金融市场牟取暴利。综合各方面，近代中国社会经济发展不平衡加剧，少数民族地区与内地之间在经济发展上的差距拉大，外国资本主义对少数民族地区的经济侵略也是重要的原因之一。①

（二）对近代少数民族地区产业资本与商业资本的专题研究

产业资本是资本家投入物质生产部门的资本，而商业资本是在流通领域中独立发挥作用的职能资本，是从产业资本中分离出来的独立的资本形式，是专门从事商品买卖以攫取商业利润的资本。对近代少数民族地区产业资本与商业资本的研究，无疑深化了学界对于近代民族工商业发展的认识。

况浩林对近代少数民族地区的工业进行了考察。以 1875 年台湾巡抚刘铭传在高山族聚居的台湾北部基隆兴办的基隆煤矿为标志，近代少数民族地区资本主义工业的产生只比内地稍晚。从发展进程看，少数民族地区的资本主义工业同全国一样，大约也经历了三个时期。第一个时期为 1894 年甲午战争前，是少数民族地区的资本主义工业产生的时期，主要是洋务运动中由清政府官办或以官督商办、官商合办的形式办起来的企业，其性质为早期的官僚资本主义，且几乎都是采矿业企业，这些企业同这个时期清政府办的其他企业一样，大都失败。第二个时期为 1895～1927 年蒋介石政权确立前，是少数民族地区的资本主义工业发展的时期，但与经济较发达的地区相比，这个时期少数民族地区的资本

---

① 况浩林：《外国资本主义对中国少数民族地区的经济侵略（续）》，《广西民族研究》1987 年第 3 期。

主义工业仍以采矿业为主。第三个时期为 1928～1949 年蒋介石政权被赶出大陆前，是少数民族地区的资本主义工业进一步得到发展、但其中民族资本主义走向破产的时期。少数民族地区资本主义工业发展的进程同全国资本主义工业的发展基本一致，是在其影响和推动下进行的，但具有以下特点。第一，资本数量少，分布不平衡，发展速度慢：少数民族地区的面积在全国占 50%～60%，但资本主义工业在全国资本主义工业中所占的比重却很低，这些为数不多的资本主义工业，在少数民族地区的分布又是很不平衡的，广西稍多，其次是云南、贵州，而西藏仅有一个小型发电厂可以称得上是近代机器工业企业；除广西在抗战期间发展稍快外，其他地区的发展速度始终是缓慢的。第二，矿业资本畸形发展：少数民族地区的资本主义工业始终以矿业为主。第三，规模小，技术、管理落后：一些小的企业只有个别工序采用机器，官僚资本主义企业管理腐败混乱。第四，以官僚资本为主：在少数民族地区的资本主义工业中，民族资本始终没有快速地发展过，且带有封建割据性质的地方官僚资本占显著地位。综合来看，在中国本来就非常薄弱和落后的资本主义工业中，少数民族地区的资本主义工业又是更薄弱、更落后的，是帝国主义原料基地中的原料基地；少数民族地区的资本主义对于少数民族的经济发展和社会形态变化的影响是极其微弱的，还没有渗透到少数民族经济的内部去，起不到以先进的生产方式带动落后的生产方式迅速发展的作用。①

此外，近代中国少数民族地区经济上的一个显著变化是商业资本有较大的发展，并且在发展速度和规模上都超过了工业资

---

① 况浩林：《我国少数民族地区的资本主义工业》，《中央民族学院学报》1982 年第 2 期。

本，其中以云南下关为中心的白族地区的商业资本最有代表性。清光绪年间，外国资本主义进入滇西地区后，下关的商业资本大规模发展起来，并逐步形成地区性的商帮组织。除传统的药材、茶叶、土特产出口以外还经营棉花、棉纱等洋货的进口，各个商帮同时普遍参与鸦片贸易。除云南下关白族地区外，甲午战争前后，滇东北彝族地区、黔东南苗族和侗族地区、四川羌族地区和西藏地区的商业资本也发展起来。

近代我国西南少数民族地区的商业资本，既有中国近代商业资本适应外国资本主义倾销商品与掠夺原料的需要，以及把商业利润投向土地、扩大封建经济兼放高利贷的共同特点，也具有浓厚的地方特色。第一，西南少数民族地区的商业资本大多从事鸦片贸易，使得这些地区商业资本的殖民地性质大为凸显；第二，西南少数民族地区的许多商业资本家，或与地方官僚紧密勾结，或亦官亦商甚至主要是官、次要是商，即商业资本的发展与特权的保障密不可分；第三，由于许多商号既依附于帝国主义，又与封建官僚紧密勾结或由封建统治者直接经营，西南少数民族地区的商业资本带有很强的垄断性。在此基础上，况浩林将我国近代西南少数民族地区的商业资本分为三种类型并且概括了每种类型的性质和特征：第一种类型是中小商号和分散的零售商，它们为帝国主义倾销商品、掠夺原料服务，但并不依附于帝国主义经济势力，与帝国主义和官僚资本的矛盾是主要的，因而是民族资本。但由于很多商号贩卖鸦片，所以半殖民地性质相对明显。第二种类型是以云南下关白族地区各商帮中大商号为代表的大商业资本，它们表现出明显的买办化倾向和与地方官僚紧密结合的特征，但有时也受帝国主义的压迫，可被认为是民族资本的上层，并与地方官僚资本融合或向其转化。第三种类型是类似西藏地区的锅庄等封建统治者经营的商业，它们完全是地方官僚资本。统而观之，近代西南少数民族地区商业资本既有分解自然经济与活跃城乡经济等积极的一面，也有为帝国主义效劳、贩卖鸦片、扰乱市场、抑制和阻碍工业资本发展等消极的一面，即在使西南少数民族地区自然经济不断解体的同时，也使这些地区进入了半殖民地半封建经济的轨道。①

更进一步地，况浩林（1989）对近代滇西白族商人严子珍创办的永昌祥商号的发展历程及性质作用进行了深入考察。永昌祥居"喜州帮"白族商人开办的数十家商号之首，况浩林将其在旧中国的发展历程分为四个阶段。第一阶段为1903～1916年，是永昌祥商号创立及合伙经营阶段，将滇西的土布、杂货、茶叶销往川、藏，再自四川采办匹条（洋布）、洋杂、黄丝，自藏区采办香菌、木耳等山货及黄连、贝母、察香等药材销往滇西及昆明，有时也偷运鸦片到四川销售。这个阶段经营的茶叶以散茶为主，但已开始在下关包工揉制沱茶。此外，还曾为官厅代解库银、课款，并利用这些短期资金做生意。这个阶段在永昌祥商号整个发展过程中所起的作用主要有以下几个方面：一是初步建立了商业信誉（在四川置办黄丝销给腾冲帮，供其出口缅甸，永昌祥沱茶也很快饮誉于四川茶客）；二是资本积累，十四年间年利润最高时达86.7%，资本增长三倍；三是健全了包括财务会计制度、利润分配制度、通讯联络制度在内的一系列规章制度；四是结交官府，为经营铺平了道路。第二个阶段为1917年至1937年7月全面抗战爆发前，是严子珍独资经营永昌祥商号的阶段，也是永昌祥商号发展的巅峰：平均年利润率为30.04%，年利润率最高达152%。在这一阶段，永昌祥开始大举参与滇缅贸易，并通过贩运

---

① 况浩林：《试论近代我国西南少数民族地区的商业资本》，《经济研究》1984年第12期。

鸦片获取了巨额利润，利润分配制度、通讯联络制度及结交官府方面都有更进一步的发展，永昌祥还经常与其他商号协商议价以获取垄断利润。第三个阶段为抗日战争时期，由于"四大家族"等官僚资本深入到大后方及滇缅线的封锁等原因，永昌祥的业务逐步陷入停滞。第四个阶段为抗战结束到云南1949年12月和平解放，由于国民党发动内战和接踵而来的持续而剧烈的恶性通货膨胀，永昌祥"明虽获利，暗实吃亏"，采取的一系列措施基本实现了国内经营的收缩，但扩大出口并未收到预期的效果，整个商号艰难存续。况浩林认为，永昌祥在发展历程中取得成功的原因在于善于捕捉时机、经营较为灵活、准确把握市场、重视信用品牌、注重培训员工、分配制度合理、管理纪律严格等。

在永昌祥的性质和作用方面，况浩林指出，永昌祥和旧中国所有的商业资本一样，生长于旧中国半殖民地半封建的经济环境，不可避免地带有殖民地性与封建性。但它前后经历半个世纪，具有的殖民地性、封建性并不是一成不变的。永昌祥大规模贩运鸦片的行为，突出表现了它殖民性的一面，但1939年后，它基本上不再贩运鸦片，而主要是帮助民族资本主义工业推销商品，民族性更为显著。拿封建性来说，第一、第二阶段，永昌祥大力结交官府，很大程度上依靠特权经营，封建性较为突出。同时也要看到，在它的发展历程中，特别是后两个阶段，它也受到地方官僚与国民党的挤迫。此外，况浩林还提出，不能不加区别地把旧中国所有商品的进出口都称作帝国主义在中国倾销商品、掠夺原料。永昌祥在缅甸的交换是两个落后国家之间的互通有无，并不存在工业宗主国、原料殖民地之间那样的带有剥削性质的剪刀差，应予肯定。况浩林认为，永昌祥的经济活动活跃了云南乃至整个西南的经济，促进了当地生产力的发展，替缅甸华侨及华工存款汇款的业务实际上构成对云南少数民族地区劳务出口的支持。①

（三） 对少数民族与主体民族经济关系的研究

少数民族与主体民族的经济关系，是中国少数民族经济史特有的研究范畴，重点强调两者之间的交流互动与商贸往来。这既是中华民族多元一体的历史表现形式，又是各民族自身的经济发展史中不可忽视的重要一环。

况浩林对清代内蒙古地区垦殖的过程及影响进行了考察。顺治、康熙、雍正三朝是初期的限垦阶段，这时清王朝严格限制内地人民到内蒙古地区垦殖的人数，以限制蒙、汉人民的交往。由于内地农民受阶级和民族的双重压迫而大量逃亡，蒙古王公又乐于接收逃来的农民开垦土地，以取得押荒银和岁租，加上清王朝屡次对准噶尔用兵，为解决军粮供应问题，清政府在内蒙古西部组织了大规模的官垦（包括军队屯垦、政府组织的招垦和政府批准的蒙旗招垦），到内蒙古地区垦殖的汉族农民大大超出限令规定，而且越来越多。此外，蒙古族壮丁有替清王朝服兵役的义务，自康熙朝起，每兵一名给地五顷，名曰"户口地"。这些兵丁领到土地后普遍招佃收租，形成实际上经官批准的私垦。乾隆朝至光绪初年是中期的禁垦和部分放垦阶段，这个时期，清王朝鉴于内地民人到内蒙古地区开垦的越来越多，感到问题严重，于是一再严申禁令。然而，清王朝不得不考虑如何防止群众揭竿而起的问题，特别是灾荒年景流民增多时，这个问题更为突出，利用开垦蒙荒安置流民的所谓"借地养民"政策应运而生。同时，清王朝为协调与蒙古贵族的关系，有时也不便认真执行禁垦的法

---

① 况浩林：《近代滇西白族商人严子珍创办的永昌祥商号》，《民族研究》1989 年第 6 期。

令。清王朝中央以及各级地方政府为了取得租粮、租银，也以各种名目不断开放官垦，各级官吏还以官地大放其私垦。从光绪二十八年（1902）至清亡是末期的全面放垦阶段，为保住东北和内蒙古地区两大片领土和筹集粮饷，朝野不断有人提出开放东北及蒙荒"移民实边"，清王朝于1902年正式宣布开放蒙荒。这一时期，除官商合办的垦务公司包揽垦地的丈放外，还有法、比、荷等国教堂强占土地后进行招佃垦种的情况。

　　清代内蒙古地区垦殖的发展使得当地的经济、社会生活及民族关系都发生了巨大的变化。首先，农业成为重要的经济部门，并且带动了商业和手工业的发展：内蒙古地区的农产品自给有余且能外销，山西帮、北京帮等商人都在内蒙古设立了较大规模的商号，一些新设的府、州、县治成为新兴的商业城镇，独立的手工业部门也逐渐形成。其次，租佃关系和土地变相买卖的关系迅速发展起来，加上清王朝不断在垦区设治管理移民，使得内蒙古农业区的封建领主制经济逐渐转化为封建地主制经济，并影响到半农半牧区和牧区，使之产生了牧主制经济，此外还有少量小土地出租者和个别带资本主义性质的垦殖公司。最后，各族人民的经济联系、友好关系得到发展。需要指出的是，清末全面放垦也有以下负面影响：第一，放地不择手段；第二，许多不适合耕作的土地也被开垦，引起土壤沙化；第三，押荒银及租额普遍加重；第四，"揽头"、地商剥削和倒卖土地进一步加重了对垦地农民的剥削，并影响到荒地的开垦。①

　　黄万纶考察了元明清三代西藏地方同内地的经济关系。文中指出，西藏地方纳入元朝中央政府管辖，并非历史发展的偶然事件，而是长期以来特别是自唐、宋以来西藏地方同中原各地经济

---

① 况浩林：《评说清代内蒙古地区垦殖的得失》，《民族研究》1985 年第 1 期。

关系不断发展、日益密切的产物。元朝承袭唐宋惯例，十分重视对西藏地方进贡的回赐与封赐，构成西藏地方同内地经济关系的一个重要方面。而驿站的设立和赈济行为，不仅证明了西藏地方同元朝中央政府经济关系的加强，还体现了西藏地方各族群众同祖国各地的经济关系的发展。元朝还多次派官员前往西藏清查户口，并在确定了的赋税数量基础上多次加以减免。在茶马互市方面，因元朝统辖广大牧区，对茶马互市的重视远不如唐宋两代，但也承袭宋制。在明朝，西藏地方同明朝中央政府的进贡和回赐由于回赐丰厚和藏汉关系的密切，年复一年日益增多，甚至明朝中期开始不得不采取一定的措施限制入贡。在驿站方面，西藏地方要向明朝中央政府交马税，后又因需要而改交差发马和其他物资。茶马互市则在有明一代又得到了新的发展，联结西藏地方与祖国各地的重要经济纽带作用更加凸显。到了清朝，经济管理体制上有所发展，规定西藏地方政府财政开支也须经驻藏大臣审核。在清代，进贡与回赐仍为西藏地方与祖国经济关系的重要方面，西藏地方同祖国各地的贸易往来依然十分活跃。需要指出的是，帝国主义对西藏进行经济侵略后，西藏地方与祖国各地的经济关系有较大幅度的削弱。[①]

（四）单一少数民族经济史的初步研究

1987年2月10日，我国的民族识别工作已经基本完成，共识别出55个少数民族。在这之前，虽然也偶有对单一少数民族经济史的初步研究，但难成系统。而这以后，对单一少数民族经济史展开系统研究的条件已经具备，从而产生了一批研究成果。

---

① 黄万纶：《元明清以来西藏地方同祖国的经济关系纪略》，《西藏研究》1988第3期。

赖存理指出，回族在历史上素以善经商著称，到清代，回族基本上已分布于全国各地，活跃于各地城乡，尤其是深入到了西南、西北的各民族地区并在这些地区矿产资源的开发利用上发挥了重要作用。同时，回族商业的发展促进了各地土地资源的开发和利用：第一，一些回族商人购置土地，将资金投资于土地，促进了土地的开发利用；第二，明、清时期，不少回民商人参加回民起义后受到迫害，弃商从农，直接参加了对一些原来荒绝无主土地的开发；第三，明代一些回族商人为了取得朝廷颁发的贩盐"准许卡"——盐引，在边境地区实行商屯，开发了边远地区的土地资源。此外，回族商业的发展还促进了药材、动物皮毛等生物资源的开发利用与桥梁等交通基础设施的兴建。①

况浩林指出，藏传佛教的寺庙经济在近代有着突出的发展，不仅在整个藏族地区经济中占有相当大的比重，而且起到发展导向的作用，成为全面了解近代藏族地区经济的重要线索。

在寺庙经济的组织体系方面，藏族地区的寺庙都设有众多的僧职人员以管理经济，僧职人员之下还有执事人员，形成一个庞大的官僚体系。管理经济的官僚体系在藏区寺庙中的普遍存在是由每一个寺庙都是经济实体并拥有大量财产所决定的，同时又反映出藏族地区寺庙经济与世俗经济的一致性：它们都是在等级化的官僚贵族统治下的封建经济，体现出严格的秩序性。

在寺庙对土地、牧场、牲畜的占有及其主要剥削方式方面，大体上自达赖五世与固始汗联合当政后，西藏已形成的三大领主：寺庙领主、政府领主、贵族领主，他们共同占有西藏的包括土地、牧场在内的全部主要生产资料，且由于地方政府及贵族领

---

① 赖存理：《回族商业的发展对我国边远民族地区开发的贡献》，《开发研究》1987年第5期。

主不断封赠和布施土地给寺庙，寺庙的土地愈来愈多。西藏的农业区占了全区土地面积的大部分，在农业区，三大领主一般都以谿卡为组织生产、管理属民的单位，属于寺庙的谿卡，藏语称"曲谿"，意为"供养佛与僧众、宣扬佛法的庄园"。西藏民主改革前，不仅各个寺庙普遍拥有曲谿，同一寺庙的各个札仓、康村或活佛、堪布、吉索等，常常也有自己的曲谿。在谿卡内，领主主要通过支差的方式对农奴进行剥削。藏语农奴名为"差巴"，意即"支差人"，他们所耕种的份地也叫差岗地，差巴每种一岗差地，就要承担这一岗差地相应的差役和各种租税。由于差役繁重和高利贷盘剥，常有差巴破产逃亡至另外的谿卡，依附于新的领主或大差巴，沦为"堆穷"（意为"冒烟火的小户"），堆穷是连份地也没有的农奴，只有向领主或大差巴租来的一点零星土地耕种，有的充当雇工或干各种手工业，社会地位更低。曲谿中的地租形式主要是劳役地租，农奴为领主及政府干的活和为自己干的活，是分得清清楚楚的，其中内差又重于外差，即曲谿中的农奴主要是受寺庙领主的剥削。在藏北牧区，部落是三大领主组织生产、管理牧奴的单位，牧奴的人身也依附于领主。西藏的牧租主要有"节约其约"与"节美其美"两种形式：节约其约意为有生有死，即"协"主（除三大领主外还包括少数出租牲畜的大差巴）将牲畜交给牧奴放养，每年畜群牲畜新生和牲畜死亡时，牧奴都须向"协"主（藏语收租称"协"）报告（死畜须交皮作证），然后按照牲畜的数量和岁口每年向"协"主交纳一定数量的畜产品，租额一般占畜产品的一半以上；节美其美意为"不生不死"，即"协"主将牲畜交给牧奴放养，牧奴都须按最初交放牲畜时规定的数额交纳牧租，这种牧租都为三大领主所放，常常带有强制性，放的牲畜多为公、老、病、阉，实际上是对牧奴的敲诈勒索，牧奴接受这种牧租后，永远不得退租，如果交纳不出则转为高利贷。在其它藏族地区，毗邻西藏一带地方的寺庙基本上也以农奴制的方式经营土地，离西藏较远地方的寺庙，则基本上实行租佃制：寺庙以活租与定租两种形式向农民收取实物地租，活租为寺庙与农民平分收获物，定租租率也在50%以上。在西藏之外的藏族地区寺庙的牲畜也普遍租给牧民放养，有的在出租后收取实物牧租，有的也和西藏一样实行有生制和不死制的办法，不过这些藏族地区的寺庙占有牧场较少。

在寺庙的其他收入方面，藏族地区的寺庙在通过对土地、牧场、牲畜的占有剥削农牧奴（民）的同时，还大放高利贷，兼营商业，并通过各种宗教活动取得收入。此外，一些大的寺庙每年还从政府那里领取供粮和供银等定额经费补助。西藏三大领主都放债，以出贷粮食为主，少数出贷藏银，三者中以寺庙领主放的最多，寺庙放的债约占西藏三大领主放债总和的80%，不仅所有寺庙都放债，许多活佛、堪布、吉索等高级僧侣也都放有私债，如本人今世还不清债务，就转为子孙债。其他藏族地区寺庙放高利贷的情况与西藏相类似，有的地方甚至出现以商品放债、放空头债和硬派债务的现象。西藏由于商品经济极不发达，民间贸易很少，藏民基本上没有经商的。清朝初年，仅有的商业系由三大领主垄断经营，近代这种状况也没有较大改变。大的寺庙大多兼营商业，设有充本（商官）专门从事这项活动。寺庙商业经营的内容，主要是以西藏的土特产品同内地交换日用品，少数实力雄厚的寺庙还凭借特权经营印藏之间的进出口贸易。和西藏相比，其他藏族地区寺庙经商更为普遍和活跃，常见的方式是把资本交给善于经商的农奴经营（给寺庙经商的农奴被称为"济娃"），每个济娃年底要向寺庙交付5%的利润，三年后归还本金并由新派的济娃接替，如利润与本金交付不足则以济娃的家财相抵或让济娃沦为家内奴隶。1935年后，寺庙还经营鸦片。藏族地区寺庙的宗教活动收入方面，主要有喇嘛为百姓念经、外出化缘以及寺庙举办法会取得的布施等，也是寺庙经济来源的重要组成部分。

在寺庙内部的分配方面，藏族地区的寺庙虽然拥有大量的财产，但并不是每个喇嘛都能过上优裕的生活，占喇嘛总数约 4% 的，包括活佛、法台、堪布、吉索等在内的上层喇嘛才是寺庙的真正主人：他们不仅在寺庙每次分布施时要多占份额，还可利用担任各种僧职的机会牟取私利，而且差不多都有土地或牧场、牲畜出租，有银两放高利贷，有代理人经商。而约占 96% 的普通喇嘛，如无俗家接济，就只能靠寺庙发放的少量津贴和有限的布施生活，非常清苦。学佛经是跻身上层喇嘛的必由之途，但这一机会对于入寺喇嘛实际上并不是均等的，有无经济实力是决定因素。其他藏族地区这方面的情况与西藏一样。寺庙所属农牧奴（民）的生活，也和世俗封建主属下的底层劳动人民一样，深受剥削之苦，但寺庙领主剥削时更带有利用宗教的欺骗性。

况浩林认为，寺庙经济对于藏族地区的经济发展弊大于利。寺庙经济直接参与和主导了藏族地区的经济生活，对当地经济的阻滞作用主要表现为两个方面：一是导致社会投入生产的资金减少，制约经济发展，按照藏传佛教教义，喇嘛不能从事生产，占人口较大比重的喇嘛成为经济发展的沉重负担；二是生产关系发展停滞，由于藏传佛教教义宣传不得反抗统治者，元代以来藏族地区没有爆发过大规模起义，藏族地区的封建经济关系始终超稳定延续。寺庙经济还使土地日益集中于寺庙，使商业资本脱离生产孤立发展、高利贷资本猖獗、人口减少，阻碍集镇雏形出现，体现了对藏族地区经济发展的负面导向作用。[1]

---

① 况浩林：《近代藏族地区的寺庙经济》，《中国社会科学》1990 年第 3 期。

（五）对少数民族经济思想史的初步梳理概括

中国少数民族经济思想史在中国少数民族经济学科创立之初即被列为重点研究方向，学科创始人施正一在《民族经济学教程》中对我国古代少数民族经济思想史进行了分期和简要概括。在先秦阶段，许多民族尚处于形成期，主体民族与少数民族的分化尚不明显，很多人群共同体的族属都较难确定，其中很多思想都汇集为后来汉族经济思想的一部分。自秦汉开始，中国主体民族与少数民族有了明显的区分，不同经济文化类型之间产生了鲜明对比和直接交锋，在这种背景下，如何协调不同经济文化类型的矛盾与冲突，如何借鉴汉族的生产技术与经济制度，在少数民族经济思想史中占有相当重要的地位。秦汉时期，匈奴最高统治者单于，顺应本民族人民的生产生活习性和本区域的自然地理特点，都很重视以牧业为本，同时注意发展手工业和民族互市贸易，以补牧业经济不足。魏晋南北朝时期，一些少数民族从游牧经济区进入农业经济区建立政权，建立政权后面临的突出难题就是协调不同经济文化类型之间的矛盾，并在民族纷争与战乱中恢复经济，北魏孝文帝元宏以推进封建化为核心的经济思想最具代表性。隋唐时期，吐蕃王朝最高首领松赞干布、大总管禄东赞等人的经济思想集中体现在借鉴中原王朝的土地、赋役制度，结合本民族本地区的经济特点推进封建化进程，与此同时积极发展各民族贸易往来。此外，从隋唐开始，出现了大量以本民族文字记录的经济思想材料。在宋辽金时期，在经济上保留多种经济文化类型的同时，大力发展农业经济，推进封建化构成这一时期民族经济思想的主流。在元、清两个朝代，过去中国的主体民族丧失了中央政权，少数民族入主中原，如何处理好以农为本和以牧为本的矛盾、少数民族入主中原前的战时经济管理模式与入主中原后和平时期经济管理模式的矛盾、少数民族中存在的前封建经济形态与汉族社会普遍存在的封建经济形态的矛盾、在全国推行统一政令和尊重各地经济条件差异的矛盾，成为元、清两代统治者民族经济思想的主题。①

二 中国少数民族经济史的进展：21 世纪以来中央民族大学经济史学科的发展

（一）学科分野间的中国少数民族经济史研究

1. 对中国少数民族经济史研究理论框架的构建

杨思远对中国少数民族经济史的地位、主体、方法、对象等理论问题进行了阐述，他指出，中国少数民族经济史是中国经济史的重要组成部分，是民族经济学的重要方面，也是民族经济学从演绎走向实证的基石。开展中国少数民族经济史研究，有利于总结少数民族经济发展经验，为当代民族经济发展和民族工作服务。在中国少数民族经济史的研究主体层面，他认为应该以现有55 个法律地位获得确认的少数民族为主体对各民族分别做经济史的考察，同时对诸如吐谷浑经济之于土族经济史、乌孙经济之于哈萨克族经济史等现有少数民族经济体的形成来源给予一定的篇幅，除此之外更要重点关注少数民族与主体民族以及少数民族之间的经济交往，以展现各民族对中华民族经济体的形成所做出的特殊贡献。确立各少数民族在经济史研究中的主体性不是论证独立性而是承认特殊性，从而对中华民族经济发展的一般性在各民族中的具体表现，进行时间维度上的研究。中国少数民族经济史主体一经确立，其历史分期的标准就不能是主体民族的朝代更

---

① 施正一主编《民族经济学教程》，中央民族大学出版社，2016。

替，毕竟主体民族的朝代更替不必然引起各少数民族经济史的重大变迁，因此少数民族经济史的分期标准应以少数民族经济自身里程碑式的变化为主，兼顾主体民族的朝代更替。遵循以中国少数民族为经济史的主体的原则也有三个方面的问题，一是要考虑到分散于各地却又以小聚居的形式出现的民族，如藏族经济史不能局限于西藏地区而要兼顾康巴藏区和安多藏区的藏族经济，蒙古族经济史不能局限于内蒙古而要兼顾新疆、甘肃、青海等地的蒙古族经济；二是对于那些历史上融入或分裂出中国的少数民族，只考虑其作为中国少数民族一分子的历史阶段；三是考察建立过全国性政权的少数民族经济史时，不能把元代经济史和元代蒙古族经济史、清代经济史和清代满族经济史相混淆。①

在中国少数民族经济史的研究方法层面，杨思远认为，经济史是经济矛盾在时间维度的展开，应以马克思主义经济理论为基础，对历史学派和新经济史学方法的合理因素加以吸收。在研究对象层面，杨思远指出，中国少数民族经济史研究的主要内容是少数民族生产方式的进步所造成的经济关系的变革，民族经济关系不同于阶级经济关系，须强调人们在经济生活中形成的共同性。新中国成立时，各少数民族处于从原始氏族和氏族联合体到部族、部族联盟的各不相同的历史阶段，这也使得中国少数民族经济史成为各类性社会发展过程的活化石。民族间经济关系作为民族经济关系的重要组成部分，构成它的各式各样的民族间经济交往则是各类型过程的展开。

厘清中国少数民族经济史研究理论框架，有利于明确中国少数民族经济史的研究对象与研究方法，是学科发展中的关键一

---

① 杨思远：《中国少数民族经济史研究的几个理论问题》，《学习论坛》2013 年第8 期。

步，也是该学科走向成熟的重要标志。

2. 对中国少数民族经济史中重要因素的专门考察

我国少数民族与民族地区经济发展中有一些与主体民族所不同的重要因素，这些因素或是推进或是阻碍了其经济发展。少数民族之所以被称为少数，主要的判断标准是人口，而其成为单一民族又是由语言、风俗习惯、宗教信仰所共同决定的。这些特殊因素，是研究中国少数民族经济史所不可不察的。

杨思远认为，人口作为一个民族经济发展的主体条件和历史前提，应当成为研究中国少数民族经济史的一把重要的钥匙。他从生产方式、婚姻制度、散居民族经济的统一性及少数民族与主体民族的经济关系四个维度展开了探讨。在生产方式维度，他以长期采取采集狩猎生产方式的鄂伦春族和鄂温克族为例，提出"生产方式落后，导致少数民族成为人口较少的民族"的基本观点。在婚姻制度维度，他指出婚姻制度决定了人口再生产，并论证了族际通婚对回族形成及人口再生产的重要作用。在散居民族经济的统一性维度，他指出回族能够维护民族经济多样性和民族性的统一有三个主要原因：一是善于经商，且回族商业这类不建立在自身生产基础上的小规模贩运商业恰恰能够活跃在各民族自给性生产的夹缝中；二是通过决不放弃小块土地的农业生产，打造了回族经济的稳固性；三是具有很强涉世性的伊斯兰教作为回族文化的内核，深入回族经济生活的全过程和各方面，同时也造成了回族集中居住于礼拜寺周围以便进行宗教活动的"小聚居"特点。然而对于曾经形成全国独一无二的寄生性民族经济的满族而言，在辛亥革命后，文化产业主导的自立性民族经济不像回族那样有小聚居的特点，也没有强劲的民族文化的凝聚作用，使得满族经济的民族性逐渐消融。在少数民族与主体民族的经济关系维度，杨思远以"俺答封贡"论证了受限于人口较少和生产方式单一，为维系正常的再生产，少数民族不能失去与汉族的正常经济联系。此外，他还结合清代整个满族脱离生产活动的情况指出，人口较少是少数民族在统治主体民族后建立寄生性民族经济的前提。①

黄健英在考察北方农牧交错带变迁背景下的蒙古族经济文化类型时论及，农牧交错带作为两种生产方式的交错区域，自然会出现商品交换的集散地，并在商品集散的基础上通过人口集聚发展成为集镇。清朝对蒙地放垦以后，农业聚居人口快速增长，贸易活跃，出现了一批新的城镇，一些新设置的府、州、县治所大多成为新的商业城镇，如满洲里、海拉尔、赤峰、彰武、包头等。② 意即农牧交错的生产方式交织和地理区域特征是中国少数民族地区市镇形成的重要原因。

罗莉对新中国"和平协商土地改革"运动完成之前云南地区南传佛教寺院经济的历史进行了考察。从明代建立景洪曼顺满佛寺以来，南传佛教逐渐成为我国云南的傣、布朗、德昂、阿昌和部分佤族地区的统治意识形态和全民信仰，对当地民族社会生活和文化习俗产生了深刻的影响。宣扬"脱离现实、自我解脱"的南传佛教适合于这些民族自然农业经济的落后性、村社生活的闭塞性和个体农民的脆弱性，得到了世俗统治阶级的大力扶持，世俗统治力量的上层人物在成为政治上的统治者的同时也成为宗教的统治者。"赕佛"是南传佛教寺院的主要经济来源：赕佛被傣族等信仰南传佛教的少数民族视为一种赎罪或替自己的未来或替子孙后代"储蓄"的行为。赕佛分为常赕与节赕两种，常赕每日均有，即寺院僧侣的日常饮食供给。节赕在节日举行，一般在一

① 杨思远：《少数民族经济史中的人口因素》，《学习论坛》2016 年第 9 期。
② 黄健英：《蒙古族经济文化类型在北方农牧交错带变迁中演变》，《江汉论坛》2008 第 9 期。

年内至少必须做赕 7 次：赕新年、赕关门、赕开门、赕星、赕坦、赕岗、赕帕。此外，婚丧娶嫁亦赕，所赕之物有衣服、谷物、金银、生活用品等。与此同时，信仰南传佛教的少数民族上层还采取其他经济措施支持寺院：首先，硬性规定每年每户农民应向佛寺缴纳一定数量的谷物；其次，赠给某些佛寺一定数量的土地，即"佛寺田"，由寺院出租给农民耕种，再由寺院收取一定数量的地租；最后，领主还将其占有的专为领主家庭服各种劳役的家奴寨赐给寺院，替寺院服劳役。另外值得一提的是，南传佛教寺院经济的经营者一般都是当地少数民族当权大头人，这也从侧面反映了寺院经济剥削少数民族底层人民的性质。①

罗莉对中国伊斯兰教清真寺经济的历史进行了考察。至明代，信仰伊斯兰教的穆斯林逐渐形成回族并且建立了自给自足的农业经济，清真寺寺院经济也在这一时期真正形成。从伊斯兰教历史渊源上看，"瓦克夫"制度和"天课"制度构成清真寺的主要经济来源。"瓦克夫"制度的主要内容即成年穆斯林以奉献安拉的名义永久性地冻结了所捐献财产的所有权，一般来说是捐献他们的固定资产，如土地、房屋等，并把这些固定资产的收益用于经伊斯兰教确认的宗教慈善目的。"天课"制度即伊斯兰教规定：每个穆斯林必须把自己的财产按四十分之一到十分之一的不同比例交给清真寺，成为伊斯兰教"念、礼、斋、课、朝"五大天命功课的宗教课税。在"瓦克夫"制度和"天课"制度的基础上，一些地方时常对穆斯林通过年捐、月捐和一文捐进行硬性摊派；另外，由于穆斯林不能私自宰牲，而必须经屠师屠宰才为合法，因而屠宰费也是一笔较大的收入；清真寺自身也通过土地经

---

① 罗莉：《南传佛教寺院经济略论》《西南民族大学学报》（人文社科版）2007 年第 3 期。

营、房产租赁、宗教法事活动以及由围寺而展开的一系列饮食、商贸、服务等活动来获取寺院收入。与南传佛教相类似，统治阶级的捐赠对于清真寺拓宽收入来源也不容忽视。在清真寺寺院经济的经营形式方面，有土地自耕（征用本坊内穆斯林无偿劳动或穆斯林集资雇工代耕），土地出租（以实物地租的形式出租给无地穆斯林，同时也有少量附近非穆斯林农民），房屋出租（城内的清真寺一般采取出租房屋的形式）和经商谋利等，个别地区也出现了放高利贷的现象。总体来看，与佛教和道教相比，中国伊斯兰教清真寺寺院经济的规模较小，清真寺寺院经济中的农业、商业活动，不仅为清真寺增加了收入，客观上也促进了商品经济的发展。但在我国信仰伊斯兰教的各民族的封建化过程中，清真寺内部封建特权也逐步形成并得到强化，甚至分化出聚敛财富的封建化的教主兼地主阶层。①

3. 对新中国成立前我国各少数民族经济发展水平的全面刻画

黄健英、黄涛指出，新中国成立前，我国少数民族和少数民族地区的社会经济制度，处于资本主义以前的各种社会发展阶段上，从氏族、部落间的偶然的物物交换到劳动力成为商品，都可以在同一时间的不同空间找到其典型形态。②

生活在西南地区的傈僳、佤、景颇、独龙、怒、基诺、拉祜、哈尼以及东北地区的鄂伦春、鄂温克、赫哲等十几个民族约60万人，新中国成立前还处于原始社会末期，保留着原始公社制度的残余。这些民族当时的手工业附属于农业并与农业结合在一起，因此还未出现以交换为目的的商品生产，商品交换是在同其

---

① 罗莉：《中国伊斯兰教清真寺经济的历史考察》，《青海社会科学》2005 年第 3 期。

② 黄健英、黄涛：《民族地区市场发育的历史基础分析》，《黑龙江民族丛刊》2001 年第 1 期。

他民族的交换中产生和发展起来的，目的主要是满足日常生产、生活的需要，即关心使用价值而不是价值。

当时居住在大小凉山地区的彝族人口约100万，还比较完整地保存着奴隶制社会经济形态和以父系血缘为基础的家支制度。在奴隶制下，生产力的发展依旧有限，社会分工仍不发达，手工业依然与农业结合在一起，手工业内部也没有明显的分工，还没有分离出专门从事商业的商人阶层，交换也不很发达，没有形成本民族的固定的集市和统一的货币。20世纪初，由于帝国主义的侵略，鸦片也输入到彝族地区，大小军阀为了牟利，强迫彝民种植罂粟，大小凉山鸦片交易活跃。但从总体上看，凉山彝族的商品经济不发达，交易规模小，交换过程中人们更关心商品的使用价值。

新中国成立前居住在西南、西北地区的藏族，云南边疆地区的傣族和新疆墨玉县夏合勒克乡的维吾尔族，以及内蒙古牧区的一部分蒙古族人民等大约有400万人，当时还处于封建社会早期农奴制发展阶段。其中藏族地区的商品交换活动可以分为两部分：一是藏区内部的交换，主要是农区与牧区之间的交换且以物物交换为主，其目的在于获得商品的使用价值。但交换过程中也出现以青稞、酥油、牦牛、茶叶等作为一般等价物的现象，尽管这种交换在整个藏区的交换活动中不占主要地位；二是藏区与外部的商品交换规模与数量都远远大于内部的交换，藏区与外部的交换主要是与汉族地区的交换，用药材、牧畜皮毛等与汉族交换生产生活必需品如茶叶、盐、布、铁等。已产生的藏族专业商人及本民族市场的经商活动主要集中在城镇及寺庙周围地区，由寺庙和农奴主控制，他们利用封建特权，基本上垄断了藏区内外的商品交换活动。生活在西双版纳、德宏的傣族人民农业劳动生产力的提高使剩余产品的出现成为可能，同时手工业也发展到了一定水平，在一定地域范围内的定期商品交换场所"街子"也已形成。但由于社会分工不发达，手工业还没有完全从农业中分离出来，市场交换的规模有限。

新中国成立前中国少数民族中的壮、回、维吾尔、朝鲜、满、白、布依、土家、侗、苗等三十几个民族，以及蒙古族的大部分和小部分藏族，总共约3000多万人，已经进入封建地主制经济阶段。这些民族的农业生产技术明显提高，已广泛使用铁制农具，农产品出现剩余，商品率不断提高，手工业已经从农业中分离出来，成为独立的经济部门。这些民族地区的商品货币关系也比较发达，产生了一批以交换为目的的商品生产和专门从事商品交换的本民族的商人阶层，同时还形成了一些较大的经济贸易中心。

随着商品经济的发展，在农业和手工业相对发达的少数民族地区，封建地主经济中已经开始孕育资本主义萌芽，如在一些采矿业和手工业中出现了少数以雇工劳动为主的商品生产。在外国资本的冲击和影响下，一些民族地区出现了资本主义生产关系。尽管这些民族地区的资本主义工业获得了一定的发展，但在规模和程度方面远远落后于汉族地区，与周围强大的自然经济相比更显得微不足道而且多以官僚资本为主，生产技术落后、发展缓慢。①

4. 对民族地区市场发育的历史基础的论证

2001年中国加入世界贸易组织，这标志着我国社会主义市场经济发展的进一步深化，经济学界也在这一时期对市场经济展开了广泛的探讨。新时期的民族经济更好地融入市场经济的潮流需要历史视野来支撑，中央民族大学的中国少数民族经济史研究团队相应对民族地区的市场经济发展做了历史的基础分析。

黄健英、黄涛从社会分工情况、商人阶层形成、城镇化发展

---

① 黄健英、黄涛：《民族地区市场发育的历史基础分析》，《黑龙江民族丛刊》2001年第1期。

水平、分配和消费方式等方面对民族地区市场发育的历史基础进行了较为系统的考察。在社会分工情况方面，中国各民族在经济发展过程中逐步形成了民族间的生产性分工，这是由各民族生产力发展极不平衡而又相互杂居的社会状况所决定的。民族间分工的形成，一方面有利于扬长避短、互通有无，满足各民族生产生活的需要另一方面也抑制了民族内部社会分工的发展和深化，不利于其生产力水平的提高，制约了商品经济的发展和市场规模的扩大。从交换目的看，大部分少数民族进行商品交换是为了满足其最基本的生产生活需要，即看重的是交换物的使用价值，而不是价值，一些民族甚至还没有形成明确的价值观念，一些商人则利用这一特点进行欺诈和不等价交换，以至于出现诸如"用一斤鹿茸换一袋面粉"的现象。在商人阶层的形成方面，到新中国成立前夕，我国各少数民族中，除维吾尔、乌孜别克、塔塔尔、回、白等民族有较多的人经商外，其他大部分民族还不善于经商，更没有出现专门的商业资本和商人阶层，很多贸易活动都是由汉族商人来进行的，如"旅蒙商"就是对活动在蒙古草原从事商品交换的汉族商人的称谓，他们基本控制了蒙古地区与内地的商品交换。汉族商人的积极参与诚然促进了这些民族地区商品交换的发展，满足了生产生活需要，同时对于带动各民族参与商业活动具有示范效应，但通过不等价交换及垄断地位获取高额利润，既不利于民族地区的积累也不利于各少数民族本民族商人阶层的产生。在收入分配方面，截至新中国成立前夕，各少数民族较大数量的底层民众除维持最基本的生存需要外，几乎没有多少剩余。以大小凉山地区彝族为例，占总户数5%左右的奴隶主占有70%以上的土地、牲畜和生产工具等生产资料，同时还通过无偿劳役、地租、高利贷等形式对奴隶进行剥削。此外，宗教组织和宗教团体也参与了相关少数民族社会产品的分配，在一些民族中形成了沉重的宗教负担。在城镇化发展水平方面，截至 1932 年，各民族地区中仍没有一个市的建制，1942 年也只有包头市、桂林市、昆明市、贵阳市，到 1947 年仍然不到 20 个市。这些市的建立主要是为了满足行政建制的需要，商品集散中心的地位并不突出。由于商业和手工业不发达，这些城市的商品交换以满足生活消费为主，生产资料市场为数极少，要素市场还没有形成。在消费方式上，一些从原始公社过渡而来的民族"一起吃光喝光"的平均消费色彩明显，较为忽视积累。同时，各民族通常都有自己的节庆活动，伴随而生的集中大量消费在生产力水平不高的情况下不利于积累和扩大再生产，也有碍商品经济的发展。此外，以藏族地区为代表的寺庙尽管也从事经营活动，但以消费为主，不能起到促进积累、扩大再生产和推动商品经济发展的作用。①

5. 单一少数民族经济史和少数民族自治区经济史研究的全面开展

民族识别工作的完成与民族地区经济的发展，给单一少数民族经济史研究提供了大发展的契机。中央民族大学杨思远提出了以现有的 55 个少数民族作为中国少数民族经济史的主要研究对象，以此为基础开展单一少数民族经济史的系统研究，到目前为止已经出版了土族、哈萨克族、东乡族、保安族、撒拉族、裕固族、蒙古族、回族、满族经济史系列丛书，其中"满族经济史"为国家社科基金后期资助项目；② 已完成尚未出版的有朝鲜族、赫

---

① 黄健英、黄涛：《民族地区市场发育的历史基础分析》，《黑龙江民族丛刊》2001 年第 1 期。

② 杨思远主编《土、哈萨克、东乡、撒拉、保安与裕固族经济史》，中国社会科学出版社，2015；杨思远：《蒙古族经济史》，中国社会科学出版社，2016；杨思远主编《回族经济史》，中国经济出版社，2018；杨思远等：《满族经济史》，社会科学文献出版社，2018。另有部分成果收录于杨思远等：《中国少数民族经济史论（一）》，中国经济出版社，2017。

哲族、鄂伦春族、维吾尔族、藏族经济史；正在进行的有苗族、壮族、水族等少数民族经济史。在撰写过程中，不但坚持了以少数民族自身重要事件划分阶段的标准，对于族称族源的考辨与经济活动全貌的概括也是一个特色。该工作的最终目标是全面深入地展现全部 55 个少数民族的经济发展史，相关工作正在有序推进当中。

此外，少数民族自治区是中国的民族区域自治制度的载体。新中国成立后，五个少数民族自治区的经济发展势头良好，对新中国五个少数民族自治区的经济史研究，是现当代中国少数民族经济史研究的重点议题。黄健英、李澜和罗莉在这方面的一系列著作，代表了该领域的学科前沿，不但具有历史思考，也对民族经济发展做出了展望。[①]

（二）近年来主要学术会议与学生培养情况

全国民族地区院校经济学院系联席会是中央民族大学经济学院、中国少数民族研究会主办的全国性中国少数民族经济学科会议，自 2005 年以来每年举办一次，已经相继在北京、保定、廊坊、锡林浩特、恩施、南宁、二连浩特、赤峰、延边、大连、西宁、文山等地举办。该会议旨在推动中国少数民族经济学科的交流与拓展，特别是各院校之间的合作。中国少数民族经济史研究是其中的重点讨论议题，每年都有参会人员针对中国少数民族经济史与中国少数民族经济思想史做专题报告和展示交流，大大提升了本学科的影响力与知名度。

除此之外，学科依托中国少数民族经济研究会，不定期在全

[①] 黄健英：《当代中国少数民族地区经济史》，中央民族大学出版社，2016；李澜、罗莉：《中国少数民族省区经济通论》，山西经济出版社，2016；罗莉等：《西藏自治区经济史》，山西经济出版社，2016；李澜等：《宁夏回族自治区经济史》，山西经济出版社，2016。

国各地召开各种学术研讨会，如 2011 年召开的民族地区经济社会发展学术研讨会和 2015 年召开的中国少数民族经济学科建设学术研讨会等，对于中国少数民族经济史研究的国际特点和中国经验等议题均有涉及，极大地推动了学科发展与学术交流。

在学生培养方面，依托中国少数民族经济学硕士点和博士点，在杨思远和李澜的指导下，发扬"苦行僧"精神，培养了一大批"坐得住冷板凳"的敢于挑战冷门学科的研究生。自 2007 级开始，不少研究生直接以某个少数民族的经济史作为学位论文题目，不仅难度极大，而且在篇幅与工作量上远远超过学校要求，其研究成果有的已经集结成书，有的已经形成文章并公开发表，填补了一系列学界空白。这些毕业生已经在中国少数民族经济史领域崭露头角，有的博士毕业生已经成为重点大学的青年人才。①

---

① 姬良淑：《土族经济史研究》，硕士学位论文，中央民族大学，2010；戴婧妮：《哈萨克族经济史研究》，硕士学位论文，中央民族大学，2011；巴特尔：《保安族经济史研究》，硕士学位论文，中央民族大学，2011；韩坤：《撒拉族经济史研究》，硕士学位论文，中央民族大学，2011；刘江荣：《东乡族经济史研究》，硕士学位论文，中央民族大学，2011；张博：《回族经济思想研究》，硕士学位论文，中央民族大学，2011；高玉蓓：《吐蕃经济研究》，硕士学位论文，中央民族大学，2012；张竞超：《契丹经济史研究》，硕士学位论文，中央民族大学，2012；扎西加：《甘丹颇章政权时期藏族经济史研究》，硕士学位论文，中央民族大学，2012；任正实：《裕固族经济史》，硕士学位论文，中央民族大学，2012；吕育昌：《元代以前蒙古族经济史研究》，硕士学位论文，中央民族大学，2013；萨尔娜：《元代蒙古族经济史研究》，硕士学位论文，中央民族大学，2013；韩强：《清代蒙古族经济史研究》，硕士学位论文，中央民族大学，2013；李静：《晚清至民国蒙古族经济史研究》，硕士学位论文，中央民族大学，2013；南措吉：《藏族传统经济思想研究初探》，硕士学位论文，中央民族大学，2013；陈壮：《鄂伦春族经济史》，硕士学位论文，中央民族大学，2015；买力叶木古丽·吐逊：《汉代西域诸部至唐回鹘经济史》，硕士学位论文，中央民族大学，2015；邹淋：《西辽至元明时期畏兀儿经济史研究》，硕士学位论文，中央民族大学，2015；马小娟：《清代维吾尔族经济史研究》，硕士学位论文，中央民族大学，2015；董宁：《晚清至民国维吾尔族经济史研究》，博士学位论文，中央民族大学，2017；宋希双：《中国朝鲜族经济史》，硕士学位论文，中央民族大学，2018；石越：《象雄至吐蕃经济史研究》，博士学位论文，中央民族大学，2018。

此外，冷门学科的传承在本科生中也有新的进展。不少学生以国家级项目与北京市创新实验项目、大学生课外学术竞赛等形式，从事中国少数民族经济史研究。本科生李静艳等的研究成果《哈尼族民间借贷履约机制研究——以云南省红河哈尼族彝族自治州红河县"普他扎"为例》首次研究了云南哈尼族的民间借贷现象，从历史与现实两方面探讨了其与汉族"合会""钱会"的区别与联系；本科生王丽婕等的研究成果《贵州黎平肇兴侗寨契约文书调查》发掘了不少一手契约文献；本科生包钰等的《禄丰黑盐井的研究和考察》重点关注了清末民初云南禄丰黑盐井的开采与运作机制；本科生刘红松等的《近现代和顺侨民的回归与影响》考察了一些海外华人回归祖国后深居云南边陲的经济生活。

三 变与不变：中国少数民族经济史学的总结与展望

（一）不变的研究品格

1. 深沉的理论关怀——对另一半中国经济史的探讨

在我国统一的多民族国家的形成和发展历程中，各民族共同开拓了疆域、并肩创造了文化，更一起书写了历史。然而，或是由于少数民族有关史料的相对缺失，或是由于治史思路的局限，迄今为止的研究呈现的主流都是主体民族汉族的历史，在政治史上如此，在经济史中亦复如是。必须指出，将仅占有主体民族的有关材料、忽视少数民族相应情况的历史研究冠以"中国"二字是有失妥当的，汉族经济史与少数民族经济史应当是中国经济史研究中"一半"与"另一半"的结合交融关系。中央民族大学要无愧中国民族教育排头兵的初心，应当不负中国少数民族经济史扛旗者的使命。自1951年中央民族学院成立以来，从行走在中国少数民族社会历史调查第一线、为中国少数民族经济史研究积累最基础的材料开始，到对近代民族地区资本主义萌芽、商业资本和产业资本的探讨，对藏族地区寺庙经济、西藏地区与内地经济往来和清代内蒙古地区垦殖等民族聚集区域历史经济现象和经济关系的透视，再到对中国少数民族经济史理论框架的构建尝试、对少数民族经济史上重要影响因素的专门考察，探讨另一半中国经济史的精神内核和灵魂主线都是一以贯之的。与此同时，中央民族大学自诞生之日起就承载着解决中国民族问题的现实使命，强烈的问题意识、鲜明的问题导向贯穿于并体现在学校办学和科研的各方面。正因为如此，中央民族大学的中国少数民族经济史研究不是为了研究而研究，而是立足于各个历史时期民族经济发展、民族工作的需要。在两个时期的研究成果中，无论是关于资本主义萌芽的探讨、永昌祥商号对当代民族地区发展商品经济的启发等，还是从历史出发分析民族地区市场经济发展的基础等研究，以史鉴今都是明显特征。

2. 扎实的理论基础——以马克思主义理论功底作为看家本领

中央民族大学是中国共产党亲手创办的新型高等院校，扎实掌握和熟练运用马克思主义这一认识世界的锐利思想武器也是贯穿中央民族大学中国少数民族经济史研究始终的重要特点。在中国少数民族经济学科产生后的研究热潮中，况浩林对于云南铜矿生产性质的分析就是运用马克思主义政治经济学的典范：她在文中熟练运用资本主义生产关系出现所要求的必备条件，并以此为理论基础分析了当时云南经济的发展样态，指出在当时商品经济很不发达、少数民族经济特征显著的云南既没有一大批失去生产资料并具有一定人身自由的劳动者，也没有为组织资本主义生产而积累必要的货币财富的群体，因而云南铜矿的生产不可能是资本主义性质。与之相类似的运用生产力决定生产关系基本原理进

行研究的成果 还有对近代民族地区资本主义萌芽、商业资本和产业资本的系列研究。此外，况浩林在《近代藏族地区的寺庙经济》一文中，通过对藏族地区寺庙内部分配情况的考察，提出"僧人不是超阶级的佛教徒共同体，寺庙也……只不过是世俗社会的缩影和整个构架的组成部分，宗教……归根到底还要受产生它的物质生活和经济基础的制约"的精彩论断，更是运用经济基础决定上层建筑基本原理的生动例证。进入21世纪，杨思远在探讨中国少数民族经济史的理论框架时提出的"经济史是经济矛盾在时间维度的展开"集中体现了辩论唯物主义，明确少数民族生产方式的进步所造成的经济关系的变革是中国少数民族经济史研究的主要内容则是对生产力决定生产关系基本原理的运用。此外，在黄健英对新中国成立前我国各少数民族经济发展水平的全面刻画中，也可以清楚地看到对马克思主义政治经济学价值理论、商品理论和货币理论的灵活运用。

3. 优良的学理传承：特殊性与一般性的结合

中央民族大学在几十年的中国少数民族经济史研究过程中，注重特殊性和一般性相结合的学术传统得到了较好的传承和发展。所谓一般性，是指研究中国少数民族经济史时所关注的不少主题，放在整个中国经济史的研究中也是热点所在、关注所指，中国少数民族经济史的研究铺展也遵循整个中国经济史乃至经济学研究的逻辑架构。所谓特殊性，是指中国少数民族经济史研究要重视特定地理区域、宗教信仰等特殊因素对于中国各少数民族经济形成和发展的影响。在第一个时期，况浩林对产业资本和商业资本发展的分析、对资本主义萌芽和外国资本主义经济侵略的探讨，体现的是与同时期中国经济史研究主题同频共振的一般性；而这一时期，况浩林对于藏族地区寺庙经济的考察则重点体现宗教因素，同时涵盖特定地理区域因素参与少数民族经济历史建构的特殊性。在第二个时期，杨思远对于中国少数民族经济史理论框架的构建尝试本身就是遵循整个中国经济史研究逻辑一般性的表现，从历史基础出发分析市场发育情况，也反映了中国加入世界贸易组织前后经济学研究向市场经济聚焦的一般性。在特殊性方面，这一时期的突出表现是杨思远提出的少数民族经济史的分期标准：不能是主体民族的朝代更替而应该是少数民族经济自身里程碑式的变化，同时还有罗莉对南传佛教寺院经济和伊斯兰教寺院经济的考察和黄健英对内蒙古地区农牧交错带变迁的分析。

（二）创新求变：接续奋斗与开创未来

中国少数民族经济学科的发展已经走过了40年的征程。对于其本身的回顾和总结也成了中国少数民族经济史学新的研究内容。张丽君、杨秀明对于民族经济学概念的梳理和黄健英等对于民族经济学40年来成就的评述，本身也是中国少数民族经济史学的重要组成部分。①

进入21世纪后，尝试构建中国少数民族经济史研究理论框架，在中央民族大学的经济史研究乃至整个中国少数民族经济史学的探索中具有突出意义。当一个学科发展到一定阶段和一定水平之后，学科发展的内在需要就势必推动着这个学科对自身的学理脉络做一个框架性的构建，反过来这样一种理论框架的构建又推动着这个学科继续向前发展。

中央民族大学的经济史学研究要想在学科发展的潮流中发展，就必须在准确识变中谋篇布局，在科学应变中接续奋斗，在

---

① 张丽君、杨秀明：《基于学科发展史视角的"民族经济学"学科评述与展望》，《中央民族大学学报》（哲学社会科学版）2016年第4期；黄健英等编著：《民族经济学四十年》，中国经济出版社，2018。

创新求变中开创未来。

一个学科要想取得长远的、可持续的发展，就内在地要求有扎实而深厚的理论框架作为基础性支撑。在现有的研究中，尽管杨思远对中国少数民族经济史研究的理论框架做出了自洽的建构尝试，其他学者的理论框架建构理路也在各自的成果中有着不同程度的体现，但不必讳言，现有的框架总体还稍显单薄，与学科发展的要求还有不相适应的地方，需要在研究主体、研究内容、研究方法等方面进一步完善和细化。

而在研究方法上，目前中国少数民族经济史学还较为缺乏创新。大部分已有研究都是基于事实的描述和简单分析，缺乏定量分析，对（数字型）史料的驾驭尚且停留在描述性统计阶段，数字信息背后可能隐含的历史规律没有得到发掘。这与中国经济史学科总体发展情况极为不相称。随着中央民族大学对经济学类人才培养规律认识的不断深化，我们有理由相信多元化、科学化的研究方法能够在中国少数民族经济史学的研究中打开一片新局面。

学科的发展势必使我们的眼光聚焦于经济思想演变的发展脉络与内在逻辑，用更加系统深入的中国少数民族经济思想史研究为经济史的研究提供更加丰厚的内容，实现中国少数民族经济史学的全面进步。经济思想史与经济史本身就是经济史学的一体两翼，相辅相成、互相促进。已有的中国少数民族经济思想史研究，主要还处于对民族经济思想进行基于朝代的宏观分期和对少数民族代表人物经济思想的简要介绍上，对少数民族经济思想发生的哲学基础、作用范围以及演进情况鲜有涉及。同时，汉族与少数民族的经济思想史也是中国经济思想史的"一半"与"另一半"的关系，因此对于汉族与少数民族的经济思想在同一时期或就同一主题的比较分析显得尤为必要。

图书在版编目（CIP）数据

中国经济史学研究报告. 2022 / 魏明孔主编；隋福民，熊昌锟副主编. -- 北京：社会科学文献出版社，2023.1

ISBN 978 - 7 - 5228 - 0597 - 9

Ⅰ.①中… Ⅱ.①魏… ②隋… ③熊… Ⅲ.①中国经济史 - 研究报告 - 2022 Ⅳ.①F129.5

中国版本图书馆 CIP 数据核字（2022）第 156110 号

中国经济史学研究报告（2022）

主　　编／魏明孔
副 主 编／隋福民　熊昌锟

出 版 人／王利民
责任编辑／陈凤玲　武广汉
责任印制／王京美

出　　版／社会科学文献出版社·经济与管理分社（010）59367226
　　　　　地址：北京市北三环中路甲 29 号院华龙大厦　邮编：100029
　　　　　网址：www.ssap.com.cn
发　　行／社会科学文献出版社（010）59367028
印　　装／三河市东方印刷有限公司

规　　格／开 本：787mm × 1092mm　1/16
　　　　　印 张：13.5　字 数：166 千字
版　　次／2023 年 1 月第 1 版　2023 年 1 月第 1 次印刷
书　　号／ISBN 978 - 7 - 5228 - 0597 - 9
定　　价／99.00 元

读者服务电话：4008918866